국제경영학의 이해

최정일 · 이옥동 공저

남두도서

남두(南斗) : 남두육성(南斗六星)

은하의 중심인 사수자리에 있는 국자모양의 여섯 개의 별로서, 인간의 탄생을 결정하는 별로 알려져 있다.

이 책의

머리말

꿀벌은 혼자서는 살 수 없으며 자신들의 거처를 찾지 못하고 길을 잃어버리면 몇 시간 안에 죽게 된다고 합니다. 꿀벌은 사회적 동물로 집단을 이루고 살며 복잡한 상호작용에 의해 지속적으로 진화과정을 거치고 있습니다.

밤에 사냥하는 뱀의 적외선 탐지기, 돌고래와 박쥐들의 초음파 탐지기, 새들의 초저주파 청력 등 다양한 동물들에게 각기 다른 감각체계가 발견되고 있습니다. 이처럼 동물들은 독특한 능력을 개발하면서 자연에서 경쟁하며 생존해 가고 있습니다.

글로벌 컨설팅업체인 'GPW(Great Place to Work)' 기관이 2012년에 “세계에서 가장 일하기 좋은 다국적 기업 상위 10선을 선정하여 발표했습니다.

1위로 미국의 SAS가 선정되었습니다. 정보통신기술 분야로 종업원 수가 13,268명(평균 연령 45세)이며, 같은 업계의 연간 평균 이직률이 22%인 반면 SAS는 평균 2.6%에 불과하다고 합니다. 고객과의 장기적 관계, 기업 노하우 보존, 채용 및 교육비용의 절감이 강점으로 꼽히고 있습니다.

2위는 미국의 구글(Google)이 선정되었습니다. 역시 정보통신기술 분야이며 종업원 수는 34,311명이고, 연매출이 379억 달러(약 41조 원)에 달하며 세계에서 가장 근무환경이 좋은 기업으로 선정되기도 하였습니다.

미국의 패스트푸드 업체 맥도날드는 세계적인 다국적기업으로 잘 알려진 기업입니다. 지난 2008년 금융위기 때도 신흥국의 고속성장에 의해 높은 실적을 올렸으나, 최근 2012년 이후 신흥국의 고속성장 시대가 끝났다는 분석과 더불어 경기둔화로 인해 실적이 악화되고 있다고 합니다.

또한 세계적인 다국적기업 일본 중장비 제조업체 고마쓰와 디지털 카메라로 유명한 캐논 그리고 프랑스 식품업체 다논도 신흥국의 경기하락으로 인해 순이익과 매출액의 전망치가 하락하고 있다고 합니다.

국제경영을 공부하기에 앞서 위 내용들은 언젠가 한번쯤 들어봤을 내용들이지만 이제 국제경영을 공부하면서 더 관심을 가지고 친근하게 살펴볼 수 있게 되었습니다. 세계경제의 흐름과 여러 기업들의 실적에 관한 기사에 한 번 더 눈길이 가게 되었습니다.

과거 경영학을 공부하면서 여러 교수님들로부터 '국제경영', '국제경영학', '글로벌경영' 등 다양한 과목으로 국제경영에 대해 공부했었습니다. 이 책은 당시 공부했던 교재와 노트를 중심으로 국제경영을 처음 접하는 학생들이 이해하기 쉽게 공부할 수 있도록 다시 정리해 보았습니다.

지난날 국제경영을 공부하면서 이해가 잘 안 되었던 내용들이 이 책을 정리하면서 자세히 공부할 수 있게 되어 매우 보람된 시간이 되었습니다.

이 책은 국제경영을 처음 공부하는 여러 학생들에게 많은 도움이 되기를 바라는 마음으로 간결하고 이해하기 쉽게 정리했습니다. 바쁜 시간을 내어 공부하는 학생들을 위해 조금이라도 도움이 되고자 중간고사와 기말고사를 위해 내용을 요약 정리해 두었습니다.

대학에서 교재로 사용될 수도 있겠지만 학점은행제를 위한 동영상 교재 중심으로 작성했습니다.

국제경영을 가르쳐 주신 모교의 여러 은사님께 늦게나마 깊이 감사를 드립니다. 그리고 이 책이 나오기까지 수고해 주신 남두도서의 여러분께도 감사드립니다.

최 정 일

이 책의 차 례

제 1 장

국제금융시장의 역사

1. 금융시장은 투기와 함께
2. 로마 금융시장
3. 스페인 금융시장
4. 프랑스 금융시장
5. 네덜란드 금융시장
6. 영국 금융시장
7. 미국 금융시장

1 금융시장은 투기와 함께

① 1776년 애덤스미스는 '국부론'에서 일확천금은 투기거래를 통해 가능하다고 언급
② 투기꾼 : 이익을 얻을 수 있는 기회를 재빠르게 포착할 준비가 되어 있는 사람
③ 투자는 수동적, 투기는 적극적
④ 투기는 실패한 투자, 투자는 성공한 투기
⑤ 미국 월스트리트의 풍자가 프레드슈드는 투자와 투기의 차이를 소년의 경우 '자신이 사랑에 빠진 것인지 또는 욕망을 품고 있는지?'

2 로마 금융시장

① 국가 기능 중 조세징수에서 신전건립까지 대부분을 퍼블리카니(Publicani)라는 조직에 아웃소싱
② 퍼블리카니는 지금의 주식회사처럼 파르테스(주식)를 통해 소유권이 다수에게 분산된 법인체
③ 일반인들로 구성된 소액주주의 주식은 지금의 장외시장과 같은 곳에서 비공식적으로 거래
④ 퍼블리카니는 공화정이 제정으로 바뀌면서 쇠퇴
⑤ 당시 "부실한 퍼브리카니 주식을 사는 것은 보수적인 사람이면 피하는 도박과 같다"라고 기록

3 스페인 금융시장

① 스페인이 로마시대 이후 약 300년 이상 세계 금융시장의 중심
② 당시 스페인의 이사벨과 페르난도 왕실은 해외무역과 진출에 관심
- 인도 및 아시아에 무역 및 종교전파 등을 위해
- '벤처' 용어 유래

③ 콜럼버스는 해군제독에 임명되고 대서양 항해 후 1492년 아메리카 대륙 발견
④ 이후 아메리카 대륙은 스페인 영토이며 황금과 다이아몬드 등 광물 채굴
⑤ 스페인 군부 내 분열로 내전이 발생하자 자본가 이탈

4 프랑스 금융시장

① 앙리2세의 1555년 프랑스 리옹의 이스터 정기시장
② 당시 분위기
- 모든 사람들이 프랑스 채권에 투기하기 위해 참여
- 하인들은 저축해 놓은 돈을, 여인들은 온갖 장식품을, 과부들조차 연금을 일시불로 받아 투기에 동참
- 한마디로 불을 향해 뛰어드는 불나방으로 표현

③ 당시 프랑스 왕실은 연 16% 채권 발행
- 채권값 하락을 보전하기 위해 분기별 1% 추가 지급

④ 이후 프랑스 채권값은 폭락하여 액면가의 85%가 할인되어 거래
⑤ 1557년 앙리2세의 채무지급을 거부 → 순식간 공황으로 전환
⑥ 최초의 '정크본드 파동'으로 자본가들이 프랑스 이탈

이후 1717년 프랑스에는 미시시피 버블

- 존 블런트와 로버트 나잇에 의해 1720년에 설립
- 미시시피 주식을 사려는 사람들에게 무더기 대출 시행
- 주가 : 500리브르 → 2,000리브르
- 유럽 사상 첫 국제적 버블
- 주가가 오르면 오를수록 회사의 순이익은 커진다는 루머
- 당시 일화
  - 한 시종이 미시시피 주식으로 일확천금을 벌자 새 마차를 구입, 하지만 마부석에 앉는 해프닝
  - 한 의사가 여성 환자의 맥박 진찰도중 미시시피 주가의 폭락 소식을 듣고 '오 하나님! 너무 떨어졌어!'라고 말하자 놀란 환자는 충격에 사망

버블
빠르게 부풀어 오르고 빛을 영롱하게 반사해 바라보는 사람이 황홀하지만 한순간 사라지고 만다.

5 네덜란드 금융시장

(1) 프랑스 리옹은 1557년 10년간 번영기를 끝으로

스페인 안트베르펜 증권시장은 군대의 봉쇄로 인해
→ 자본가들은 자본과 선진 금융기법을 가지고 네덜란드의 암스테르담으로 이주

(2) 네덜란드의 암스테르담은 유럽의 금융 중심지로 부상

① 네덜란드는 1590년대 경제적 기적을 이룸
② 17세기 초반 노르웨이에서 목재, 서인도제국에서 설탕, 미국 메릴랜드에서 담배 수입
③ 영국 웨일스의 제철소와 스웨덴의 영지에 투자, 제정 러시아 황제

차르에 농산물 수출
④ 스페인 소유의 아메리카 대륙에 노예를 공급
⑤ 당시 네덜란드 상인은 복식부기, 환어음, 주식회사 등 금융자본주의 구성 시스템 사용

(3) 금융자본의 형성

① 1602년 유나이티드 동인도회사 설립
② 1621년 서인도회사가 아메리카 대륙과의 교역을 위해 설립
③ 1609년 유럽 최초의 중앙은행인 네덜란드의 비셀방크 설립
④ 네덜란드 정부는 채권과 복권을 발행하여 대중들의 관심을 유도
⑤ 유럽의 대규모 자본이 네덜란드로 유입

(4) 1610년 암스테르담의 증권거래소 설립

① 선도거래 대상 : 곡물에서 고래기름, 설탕, 구리, 이태리산 비단 등
② 동인도회사 주식의 거래 : 시장가격의 4/5까지 대출 – '마진 론'
③ 17세기 후반에 동인도회사 주식의 1/10 액면분할
④ 선물과 옵션, 액면분할주 등이 파생상품의 원조

(5) 튤립투기

① 1630년대 네덜란드 경제적 상황은 투기하기에 매우 적절한 환경
② 스페인으로부터 군사적 위협이 사라지고 동유럽의 강력한 경쟁자 직물산업이 붕괴
③ 동인도회사의 주가는 17세기 최고의 상승세
④ 당시 네덜란드의 국민소득이 가장 높았으며 부동산의 가격상승
⑤ 투자대상이 바로 튤립 : 튤립은 16세기 중엽 터키에서 도입
⑥ 당시 튤립은 귀족과 부유층의 전유물로 인식
⑦ 튤립은 꽃이 만개할 때까지 무늬와 색깔을 아무도 예상할 수 없어 튤립가격이 치솟자 프랑스 등 유럽전역에 튤립시장이 개장

⑧ 투자대상 : 직공, 방직공, 구두장수, 빵가게주인, 채소장수, 농사꾼 등 서민층
⑨ 개인 간 거래에서 집단 간 거래형식으로 전환
⑩ 거래방법은 1대1과 경매방식
⑪ 튤립은 뿌리가 채취되는 여름에 거래되고, 겨울에는 뿌리를 인도할 수 없어 선물거래로
⑫ 일정시점에 뿌리와 현금을 주고받지만 대부분 어음결제 형식
⑬ 투기열풍의 막바지 무렵에는 튤립뿌리가 없는 실체 없는 거래가 성행
- 현물을 인도할 수 없고 현금을 지불할 수 없는 상황

⑭ 마침내 1637년 2월 3일 튤립시장이 붕괴 → 매수자 실종 → 부도속출
⑮ 거상들 피해는 거의 없고 대부분 서민들 피해
⑯ 시장불안은 1년간 지속되었고, 정부는 매매가격의 3.5%만 지급
⑰ 이후 튤립은 해골, 모래시계, 사치와 사악함, 흥청망청의 상징, 경솔한 사람으로 표현
⑱ 자본가 네덜란드 이탈

투기정점에서 튤립 한 뿌리의 가격

- 4잎 가우더 튤립 : 20길더에서 225길더
- 10잎 장군튤립 : 95길더에서 900길더로
- 총독튤립 : 3000길더
- 황제튤립은 2년 전 2,000길더에서 6,000길더로 급등
- 튤립 한 뿌리 2,500길더의 가격으로 당시 2,500길더의 가격 = 27톤의 밀과 50톤의 호밀, 살찐 황소 4마리, 돼지 8마리, 양 12마리, 포도주 2드럼, 맥주 2큰 통, 버터 10톤, 치즈 3톤, 린넨 3톤, 장롱 가득 찬 옷가지, 은컵 1개 등
- 당시 네덜란드 노동자 1년 연봉은 200~400길더 수준으로 당시 한 가정의 1년 생활비는 보통 300길더

6 영국 금융시장

(1) 산업혁명

① 영국으로 이동한 자본가들은 영국에서 연구개발에 투자
② 1705년 토마스가 증기기관을 발명
③ 이후 18세기 중반 산업혁명

(2) 1690년대 주식회사 설립 붐

① 영국 왕들이 무역을 독점하고 있는 상황에서 투자를 꺼리는 상공인들이 돈을 유치하고자 컴퍼니(company) 설립
② 투자한 만큼만 책임
③ 신대륙 탐험선에 대한 후원금 → 투기의 시대 → 폭락
④ 벤처 투기 : 바닷물을 식수로, 무엇이든지 투자하면 대박사업 등

(3) 1720년 South Sea(남해기업) 버블

① 영국은 스페인 무적함대와의 전투에서 승리 이후 스페인의 남미 광산권을 이양받는다는 계약만으로 South Sea(남해기업) 기업의 주가 폭등
② 이후 큰 폭의 하락으로 네덜란드의 튤립에 이어 두 번째 투기로 기록
③ 뉴우튼의 일화

(4) 1822년~1825년 영국과 유럽의 이머징 마켓 버블

영국과 프랑스 간 전쟁 종결로 영국 정부의 채권량이 줄어들자 해외로 눈을 돌린 투기꾼들 → 외국정부 채권에 대한 투기열풍

(5) 1845년 철도회사 버블

① 1820년대 처음 증기기관차 출현으로 폭발적인 호응
② 1830년대 최고의 교통수단으로 성장
③ 1840년대 철도 관련 산업이 등장하며 인간사회의 변화
④ 1847년 영란은행은 금 보유량이 감소하자 이자율 인상

7 미국 금융시장

- 제1차 세계대전 이후 1920년대 경제부흥기
- 1929년 경제대공황 발생
- 1908년 자동차회사 500개 → 지금은 포드, GM, 크라이슬러 3개만
- 1920년대 라디오 열풍 : 대서양 횡단 선박에 객장을 설치하고 라디오를 들으며 주식거래, 지금의 인터넷 거래와 유사

(1) 대공황 이전의 1920년대를 '황금의 20년대'라 호칭

① 제1차 세계대전 이후 미국 경제는 엄청난 호황
② 미국은 전쟁의 피해를 직접 당하지 않았고 승리를 거두면서 세계에서 제일 부강한 나라로 부상
③ 미국의 1920년대 경제상황은 주식 및 주택, 엠파이어스테이트빌딩이 상징하는 빌딩건설 등으로 일대 활황
④ 플로리다 등의 휴양시설 붐, 자동차와 라디오 등 기술혁신 붐, 대형 여객선 기차에 의한 여행 붐, 부유층의 자녀교육 붐 등이 겹치면서 최대의 호황

(2) 자동차 산업의 등장

① 1920년대에 대중화되기 시작한 자동차는 미국 경제의 호황에 가장

커다란 기여

② 일부 부유층에서 1908년에 Henry Ford가 'Model T'라는 자동차를 대량 생산하면서 모든 사람이 살 수 있도록 대중화

③ 자동차 가격이 1912년에는 600달러, 1916년에는 360달러, 1925년에는 260달러로 하락하면서 1925년에는 미국 가정의 절반이 자동차 보유

④ 점점 많은 사람들이 자동차를 구입하게 되자 자동차 관련 산업들이 새로운 산업으로 성장하기 시작 : 주유소, 쇼핑 센터, 주차장, 모텔, Drive-Ins 등이 대표적인 예

⑤ 자동차의 보급은 미국에 포장도로에 대한 수요를 증가시켜 미국 전역에 걸쳐 포장도로가 광범위하게 건설

⑥ 자동차의 보급은 사람들로 하여금 더 이상 시내에 거주할 필요가 없게 해주었으며 외곽으로의 이전을 가속 → 주택 건설 붐으로 연결

⑦ 모든 상황이 경제를 확장 국면으로 만드는 요인으로 작용하던 시절

⑧ 이 시절 자동차에 대한 수요만 증가한 것이 아니라 라디오와 비행기 여행에 대한 수요도 큰 폭으로 증가

(3) 당시 분위기

① 미국 사람들은 이러한 재화를 구입하는 데 지출한 돈의 일부는 임금으로부터 나왔지만 일부 사람들은 저축을 털어가면서 지출했으며 일부는 대출에 의해 지출

② 많은 사람들은 기업의 이윤이 더 증가할 것이고, 주식 가격도 계속해서 오를 것으로 기대하고 돈을 빌려 주식에 투자

③ 기업의 이윤은 엄청나게 증가하면서 주가가 폭등하고 투자자의 재산도 큰 폭으로 증가

④ 그러나 노동자의 임금은 기업의 성장에 비해 느린 속도로 증가

⑤ 마침내 노동자들의 구매력이 기업이 대량으로 생산하고 있는 재화를 소비하기에 부족한 상황으로

⑥ 그러자 각 기업마다 재고가 쌓이기 시작하며 부도발생

⑦ 1929년 10월 24일을 맞이하여 주식 가격이 큰 폭으로 하락하기 시작

(4) 대공황 발생

① 돈을 빌려 주식에 투자한 사람들이 주식을 팔려고 내놓았으나 사려는 사람이 사라짐

② 결국 주가는 폭락(1929년 10월부터 1932년 말까지 83% 하락)

③ 주가가 폭락하자 많은 은행이 문을 닫았으며 은행에 전 재산을 저축한 사람들은 모든 것을 잃어버림

④ 은행은 대출해준 돈을 회수하지 못함

⑤ 은행이 문을 닫고 기업이 문을 닫고 사람들의 일자리가 사라짐 (1932년까지 1/4 실직)

⑥ 역사적인 대공황의 시작

⑦ 당시 미국 내 자동차 메이커가 200개에 육박할 정도였으나, 몇 년 만에 12개로 줄었고 지금은 3곳으로 줄었지만 영업에 어려움을 겪고 있음

대공황 당시 일화

- 케네디 대통령의 아버지는 미국에서 금주령이 내렸을 때 캐나다에서 술을 밀수해 돈을 벌었으며, 미국에서 증권으로 돈을 제일 많이 번 사람 중 하나
- 죠세프 케네디가 사무실 앞에서 구두를 닦던 중에 재미있는 일화
  - 구두닦이들이 구두를 닦으며 서로 투자신탁으로 돈을 벌었다는 이야기하자
  - 구두를 닦다 말고 맨발로 나와 보유주식을 모두 매각
  - 1929년 10월 24일 증권시장이 붕괴하며 케네디는 엄청난 돈을 벌었고 미국 전역은 대공황 속으로

당시 길거리지표 : 여성들의 치마길이

- 주가 상승하면 머리장식의 높이가 올라가 2m에 육박
- 1919년 여성들의 치마길이가 10% 수준
- 1920년 제1차 세계대전 이후 경제의 강한 회복세로 20% 수준으로
- 1921년 다시 10% 수준으로 내려갔다가
- 1924년~1927년 바닥에서 25%까지 상승
- 1929년 대공황 이후에는 다시 내려가 바닥을 쓸다시피 함

제 2 장

국제경영의 의의와 환경

1. 국제경영학의 연구대상
2. 국제경영의 중요성
3. 국제경영의 의의
4. 경영자의 국제적 안목
5. 지역경제통합
6. 국가별 환경의 차이
7. 국제경영과 문화

1 국제경영학의 연구대상

국제경영학은 기업의 국제적 경영활동을 연구대상으로 한다.

① 재화, 용역 및 생산요소(기술, 자본, 인력, 경영)와 관련된 기업의 경영활동
② 기업자체의 국제적 이동과 관련된 기업의 경영활동
③ 국제경영의 정치, 경제, 사회, 문화, 기술적 환경에 대한 분석과 이에 따른 경영전략
④ 국제경영활동을 수행하는 국제기업 또는 다국적기업의 제반관리 문제
⑤ 지역연구와 이에 따른 경영문제
⑥ 비교경영

2 국제경영의 중요성

국제경영은 기업의 생존과 성공에 매우 중요하며 우리의 일상생활에도 큰 영향을 미친다.

(1) 기업에게 새로운 시장을 제공

① 미국기업의 경우 75%, 일본기업의 경우 85%, 독일기업의 경우 94%가 해외시장에 진출하여 기업의 성장과 수익에서 더 많은 기회획득
② 세계 초일류기업들은 국제화를 추구하여 긴밀한 범세계적인 연결망을 형성
③ 경제의 국제화로 세계경제가 가까워지면서 각 국가경제에 미치는 영향확대

(2) 소비자에게 새로운 선택을 제공

① 소비자는 더 저렴한 가격으로 더 좋은 상품을 구입
② 자본과 노동 등 생산요소의 이동을 확대

(3) 국제경영과 국내경영의 차이점

① 본국과 상이한 경영환경에서 경영활동
  • 정치 · 경제 등 거시적 환경요인과 기술, 노동 등 미시적 환경요인의 차이
  • 기업이 진출한 국가수가 많을수록 더 복잡해지며 많은 문제와 위험이 상존
② 재화, 용역, 자본, 기술, 인력 등 생산요소 및 경영자원의 국가 간 이전을 전제
  • 직접 및 간접투자 또는 국가 간 존재하는 상품과 자산 이동의 법적인 제약 등
  • 이전방식에 대한 이해와 이전방식에 대한 종합적인 검토가 필요
③ 다수국을 대상으로 동시에 경영활동이 이루어지기 때문에 이를 조정 통합할 필요
  • 각국에서 수행되는 활동을 기업전체의 이익을 위해 조정되고 통합하여 시너지 효과발생
  • 국가별로 이질적인 환경 하에 경영자원과 역량을 가장 잘 배분하고 활용하여 이익을 극대화

3 국제경영의 의의

자유세계경제를 상호 의존적 관계로 발전시키는 세 가지 큰 흐름은 자유무역주의, 지역경제통합, 기업국제화이다.

(1) 기업의 국제화 동기

① 다국간상호자유무역(multilateralism), 지역경제통합, 기술의 진보, 각국 정부의 의욕적인 경제성장추구
② 시장을 찾아서(market seeker)
③ 원료를 찾아서(raw materials seeker)
④ 생산효율성을 찾아서(production efficiency seeker)
⑤ 지식의 효율성을 찾아서(knowledge efficiency seeker)
⑥ 방어적 동기(defensive motives)
⑦ 마케팅 측면의 동기
관세, 비관세 무역장벽의 회피, 물적 유통비의 절감, 해외시장 변화에 민감한 적응, 시장조사의 용이성, 판매활동의 계획, 시행상의 이점, 판매저항의 감소
⑧ 생산관리 측면의 동기
공장 건설비 및 실질임금의 절약, 효과적인 품질관리, 특수기술 및 원자재의 가용성, 까다롭지 않은 공학적 기준, 원자재 및 부품의 저가구입
⑨ 재무관리 측면의 동기
관세, 소득세를 포함한 세제상의 혜택, 용이한 자금조달, 저렴한 자본비용, 유휴자본의 활용가능성
⑩ 제반관리 측면의 동기
유리한 기업성장의 대안적 기회, 시장과 생산시설의 지역적 다변화를 통한 위험의 분산 및 이익의 안전, 고객 및 정부기관과의 관세개선, 회사의 이미지 개선, 기술의 재활용, 기술혁신 · 연구결과 · 제품개발의 아이디어 흡수, 해외인력의 활용 등

(2) 우리나라 기업의 국제화 필요성

① 우리나라 기업의 국제화 개입수준과 성장전략 : 수입 → 수입대체 → 수출 → 기업국제화

② 해외 판매시장의 확보, 유지, 개발 : 단순수출을 통한 해외시장 진출의 한계성, 관세 및 비관세장벽에 대한 대응책
③ 해외자원의 개발수입 : 자원다소비형 산업인 중화학공업의 진출과 단순수입방법의 문제점
④ 비교우위의 변화에 따른 산업구조의 고도화 : 국내 사양산업의 해외진출
⑤ 기술개발의 국제화와 기술수출의 추진 : 기술의 개발수입 등 효율적인 기술도입 방안과 플랜트 수출을 포함한 기술수출의 모색
⑥ 국제금융의 다양한 자금조달원의 개발 등

(3) 범세계적 경쟁의 우위요인과 장애요인

1) 우위요인

① 비교우위
② 규모의 경제
③ 범세계적 경험
④ 제품차별화
⑤ 독점적 생산기술
⑥ 생산력의 이동성

2) 장애요인

① 수송 및 보관비용
② 확립된 유통경로
③ 조달기간에 대한 민감성
④ 지역시장의 복잡한 세분화
⑤ 범세계적 수요의 부재
⑥ 상이한 마케팅 업무
⑦ 철저한 현지 서비스
⑧ 정부의 규제

4 경영자의 국제적 안목

① 기업의 국제적 경영활동의 팽창에 따라 이를 효과적으로 관리할 수 있는 경영자가 많이 필요

② 특히 원자재, 제품판매, 자본, 기술 등의 측면에서 해외의존도가 높은 우리나라 기업의 경우 경영자는 국제적 안목이 필요

(1) 경영자의 국제적 안목

① 기업국제화의 촉진과 장애요인

② 의사결정의 시간적 시계와 지역적 시계

③ 원자재 확보, 생산, 마케팅, 자금조달, 인력확보, 연구개발 등 기업경영의 모든 면에서 국제적 차원의 대안을 개발하고 최적점을 선택할 수 있는 능력

④ 해외의 경제적 기회를 인지하고 국제경영의 위험을 체계적으로 분석할 수 있는 능력

(2) 사고방법의 지역성

경영자의 가치관이나 태도는 기업이 지향하는 목표와 전략, 조직구조, 업무평가, 통제 등의 중요한 의사결정에 영향

1) 본국 지향적

① 경영전략과 활동이 자국시장 중심으로 수행되기 때문에 해외에서 경영활동은 국내에 비해 2차적인 시장

② 의사결정의 대부분은 자국에 있는 본사에서 이루어지며 해외자회사에 상의하달 방식으로 운용

③ 해외자회사의 자율성이 거의 없으며 자국의 경영기법이나 방식이 해외에서도 적합하다고 인식

2) 현지국 지향적

① 경영전략과 활동을 현지중심으로 인식
② 현지국 경영환경이 자국과 많은 차이가 있다고 인정하여 현지기업의 자율적 경영활동이 허용
③ 현지자회사의 경영자는 현지인으로 임명하며 의사결정 권한을 대폭 인양하여 하의상달 방식을 채택

3) 지역 지향적

① 현지중심의 경영방식에서 더 발전된 개념
② 세계경제가 점차 지역화되고 있는 추세를 감안한 것으로 지역단위 위주로 독자적인 경영활동을 전개
③ 의사결정은 주로 지역본부에서 이루어지며 지역 내의 경영활동이 통합되어 효율성이 추구

4) 세계 지향적

① 세계를 하나의 시장으로 인식하고 경영활동 전체를 조정하고 통제
② 본사와 해외자회사들이 유기적으로 연결되어 하나의 범세계적 단위를 형성
③ 경영자는 국적에 관계없이 적임자를 선발하며 의사결정은 본사와 해외자회사와의 긴밀한 의사소통에 의해 형성

(3) 국제경영에 대한 사고방식의 유형

경영자가 추구하는 전략적 목표와 지향성에 따라 기업의 조직특성과 정신적 태도에 영향

1) 국제적 사고방식(international mentality)

① 국제적 기업은 본사의 전략을 해외자회사에 이전하고 본사가 의사결정권을 가지며 해외자회사는 본사를 지원하는 기능을 수행
② 본사의 지식과 능력을 해외시장에 이전하고 적응시켜 해외사업을

범세계적으로 확산하기 위해
③ 현지 경쟁기업들이 아직 지니지 못한 다양한 기술과 제품을 새로운 시장에 이전하여 가치를 창출

2) 다국적 사고방식(multinational mentality)

① 국가별 전략을 추구하는 유형
② 해외자회사들은 독립적 단위조직으로써 각 국가에서 현지국기업인 것처럼 행동하고 큰 자율성 보유
③ 각 해외자회사에서 연구개발, 생산, 마케팅 등 가치창출 활동을 수행하며 각 국가별 이질성을 고려하여 현지여건에 맞게 기업을 운영
④ 규모가 작은 국가에서 비용이 많이 드는 단점이 있으나 소비자의 욕구변화나 경쟁자의 전략적 행동에 즉각 반응하는 장점

3) 글로벌 사고방식(global mentality)

① 글로벌 효율성을 추구하는 기업으로 기업전반에 걸쳐 규모의 경제를 실현하여 비용상의 이점을 활용하려는 유형
② 본사의 엄격한 조정과 통제를 통한 통합과 배치가 요구되며 해외자회사는 본사의 지원과 지시에 의존하여 권한이 제한
③ 기업전체의 효율성을 위해 현지여건에 대한 적응력이 다소 부족

4) 범국가적 사고방식(transnational mentality)

① 글로벌 효율성 및 범세계적 학습능력과 현지적응력을 동시에 추구하는 기업형태
② 전 세계를 하나의 단위로 파악하여 수립된 전략을 개별 국가에 수행하기 위해 현지 경영활동에 맞도록 현지화전략을 수립
③ 글로벌 효율성과 현지화의 필요성 사이에 균형을 이루는 전략으로 가장 이상적인 국제기업의 유형으로 인식

5 지역경제통합

(1) 의 의

둘 이상의 국가가 합의에 따라 다른 나라에 대해서는 관세 등 여러 가지 방법에 의해 차별화하는 반면 가맹국 상호간에는 무역자유화, 생산요소의 자유로운 이동 등을 위해 경제적으로 협력하는 것

(2) 형 태

형태는 다양하지만 모든 회원국들이 경제적 성장과 이익을 공유하는 것으로 협력정도, 국가별 관계, 통합수준, 발전단계에 따라 다음과 같이 구분

1) 자유무역지역(free trade area)

① 가장 단순한 통합 형태로 회원국 사이에 상품과 서비스 이동에 대한 관세 및 비관세 장벽을 제거 또는 낮추는 공식협정을 의미
② 회원국 사이에 무역장벽 제거로 교역량이 크게 증가하는 무역창출 효과 발생
③ NAFTA, LAFTA, AFTA, ARFTA 등

2) 관세동맹(customs union)

회원국 사이의 자유무역뿐만 아니라 역외의 수입에 대해 공동의 무역과 관세정책을 취하고 각 국가는 개별적으로 비회원국과 무역협정을 맺는 권리를 포기

3) 공동시장(common market)

① 회원국 상호간에 상품뿐만 아니라 자본과 노동, 기술 등 생산요소의 자유로운 이동이 보장되고 역외 국가에 대해 공동의 관세 및 무역정책을 채택하는 형태

② 각국은 독자적인 화폐를 가지고 있으나 각 회원국들은 환율을 고정시키거나 제한된 범위 내에서 변동 허용
③ 유럽공동체(EC)가 대표적인 사례

4) 경제동맹(economic union)

① 경제동맹보다 더 긴밀한 경제통합과 협력을 요구
② 회원국끼리 생산요소의 자유로운 이동이 보장되고 무역과 통화정책을 공동으로 수행할 뿐만 아니라 상호 각종 경제정책을 조정
③ 유럽연합(EU)이 대표적인 사례

5) 완전경제통합(complete economic integration)

① 회원국이 경제동맹에 관한 협정을 체결하여 경제정책을 조정하고 초국가적 기구 설립으로 통화, 금융, 재정, 사회, 경기정책 등을 통합
② 새로운 국가를 결성하는 것과 같은 하나의 조직체를 구성하는 경제통합체
③ 경제적 통합뿐만 아니라 정치적 통합까지 수반되는 형태

(3) 주요 지역경제통합

회원국 사이에 상품과 서비스 등 생산요소의 자유로운 이동을 위해 관세 및 비관세 장벽을 제거 또는 낮추어 무역을 증대시키기 위해

1) 유럽연합(EU)

① 독일과 프랑스 사이의 석탄철강공동체에 이어 1951년 유럽철강석탄공동체가 설립되면서 시작
② 설립 이유는 산업에 꼭 필요한 요소들은 관세를 매기지 말고 상호 이익을 보기 위해
③ 유럽석탄철강공동체가 유럽공동체(EC)로 바뀌고 이후 유럽연합(EU : Europe Union)으로 성장하여 미국과 일본의 경제위협과 러시아의 안보위협에 대응

④ 유럽의 정치 · 경제 통합을 실현하기 위해 1993년 11월 마스트리히트조약에 따라 유럽 12개국이 참가하여 출범한 연합기구

⑤ 회원국은 벨기에, 프랑스, 서독, 이탈리아, 룩셈부르크, 네덜란드, 덴마크, 아일랜드, 영국, 그리스, 포르투갈, 스페인, 오스트리아, 핀란드, 스웨덴, 폴란드, 헝가리, 체코, 슬로바키아, 슬로베니아, 리투아니아, 라트비아, 에스토니아, 키프로스, 몰타, 불가리아, 루마니아 등 총 27개국

2) 아세안자유무역지역(AFTA : ASEAN Free Trade Area)

① 동남아국가연합인 ASEAN은 태국, 말레시아, 싱가포르, 인도네시아, 필리핀, 브루나이, 라오스, 미얀마, 베트남, 캄보디아 등 10개국으로 구성

② 1992년 12월 세계경제의 블록화 추세에 공동으로 대응하기 위해 자유무역지대를 설치하기로 합의

③ 주요 내용은 농산물을 제외한 모든 상품의 관세장벽을 철폐하고 단일시장을 건설하며 역내교역을 저해하는 공산품에 대한 모든 수량을 제한조치 철폐

④ ASEAN 10개국은 부유하지는 않지만 노동력이 풍부한 개발도상국으로 5억의 시장을 형성하고 있어 높은 잠재력 보유

3) 아시아 · 태평양경제협력체(APEC)

① 아시아 · 태평양 국가들이 지속적인 경제성장과 공동번영을 위해 1989년 11월 오스트레일리아의 캔버라에서 12개국이 결성한 국제기구

② 2003년 기준 전 세계 GDP의 약 57%, 교역량의 약 46%를 점유하는 세계 최대의 지역협력체

③ APEC(Asia-Pacific Economic Cooperation) 회원국은 우리나라 총교역의 70% 이상 차지하고 있어 우리의 무역과 투자의 최대 파트너로서 중요한 역할

④ 회원국 사이의 경제 · 사회 · 문화적 이질성을 극복하고 지속적 경제성장에 기여하여 아 · 태지역 경제공동체를 추구하는 데 목적
⑤ 한국, 중국, 일본, 러시아, 홍콩, 대만, 태국, 싱가포르, 필리핀, 베트남, 말레이시아, 인도네시아, 브루나이, 파푸아뉴기니, 뉴질랜드, 호주, 캐나다, 미국, 멕시코, 페루, 칠레 등 총 21개국

4) 북미자유무역협정(NAFTA : North American Free Agreement)

① 미국, 캐나다, 멕시코의 3개국에 의해 1992년 8월 체결되고 1994년 1월 발효된 협정으로 북미지역에 자유무역지대를 형성하는 협정
② 유럽의 경제통합과 일본의 경제성장에 자극을 받은 미국이 캐나다의 풍부한 자원과 멕시코의 값싼 노동력을 자국의 자본 및 기술과 효과적으로 결합하기 위해
③ 미국 상품의 경쟁력을 향상시키고 수출을 증가시켜 악화된 고용사정을 개선하기 위해 미국이 캐나다와 멕시코를 설득하여 체결
④ 1991년 당시 북미 3국은 인구 3억 7천만 명이 넘고 국내총생산(GDP)이 거의 7조 달러에 달하는 거대한 단일시장을 형성
⑤ 협정발효 이후 15년간 무역의 자유화, 공정경쟁의 확립, 투자기회의 증대, 지적재산권의 보호 등으로 자유무역지대를 형성한다는 내용

6 국가별 환경의 차이

환경은 기업성장의 기회 및 위협의 원인이 될 수 있으므로 진출대상국에 따른 환경의 차이점을 분석하고 평가해야 한다.

(1) 경제적 환경

1) 주요 환경요인

① 경제규모 : GNP, GDP
② 1인당 국민소득
③ 경제성장률과 부문별 성장추세
④ 물가상승률 및 경제정책
⑤ 수출입 및 국제수지 등

2) 유의사항

① 환율과 소득수준의 국제비교의 한계
② 통계자료의 질, 가용성, 분류상의 국제적 차이

(2) 정치 및 법적 환경

1) 주요 환경요인

① 정치이념 및 체제
② 정당의 활동형태
③ 정치적 안정성
④ 국제관계
⑤ 법체계 및 각종 규제

2) 정치적 위험

① 정치적 위험의 원천
- 정치이념의 변화
- 사회불안과 무질서
- 현지기업의 이해관계
- 정치적 독립
- 무력충돌, 내란 및 테러
- 국제동맹

② 정치적 위험을 야기시키는 집단
- 정부 및 여당
- 야당 및 공동이해집단
- 외국정부

③ 정치적 위험의 유형
- 몰수 및 수용
- 운영 및 이전의 제한
- 계약 또는 협정의 파기
- 세금 등 차별
- 재산 또는 인명의 손상

④ 산업별 정치적 위험
- 정치적 위험이 큰 산업 : 석유 및 광업 등 1차산업, 금융산업, 전기·운송·전화 등 공공산업
- 정치적 위험이 적은 산업 : 기술집약적 2차산업

(3) 문화적 환경

1) 문화의 의미 : 한 집단의 생활방식

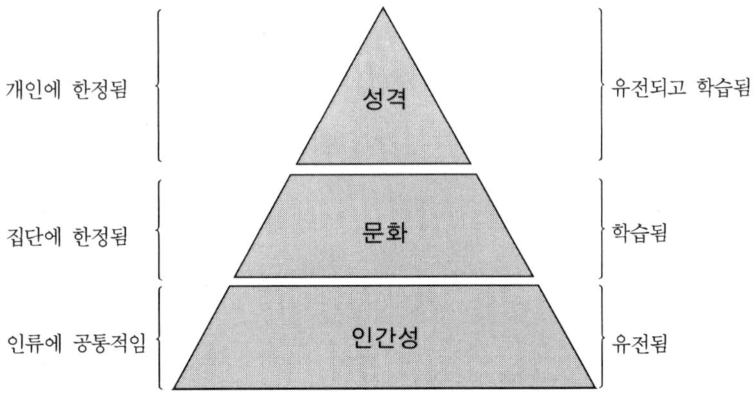

① 문화의 층 : 국가수준, 지역수준, 인종수준, 언어집단수준, 종교수준, 성별수준, 세대수준, 사회계층수준, 조직 또는 기업수준

② 언어 : 인식의 단위

③ 행동영역 또는 규범 : 허락될 수 있는 행동의 범위

④ 합법화 또는 정당화의 근거

2) Geert Hofstede의 연구

① 권력거리 : 평등문화와 불평등문화

표 2-1 권력거리가 작은 사회와 큰 사회의 주요 차이점

권력거리가 작은 사회	권력거리가 큰 사회
인간 사이의 불평등은 최소화되어야 한다.	인간 사이의 불평등은 당연하며 바람직한 것으로 여겨진다.
약자와 강자 사이에 상호의존이 있어야 하고 어느 정도 그런 상호의존이 존재한다.	약자는 강자에게 의존해야 한다. 실제에서는 약자는 의존과 반의존으로 양극화된다.
부모는 자식을 자신과 동등한 존재로 대한다.	부모는 자식에게 복종을 가르친다.
자식은 부모를 동등한 존재로 대한다.	자식은 부모를 존경심으로 대한다.
수업시간에 교사는 학생이 주도적으로 나올 것을 기대한다.	수업시간에 교사가 모든 것을 주도한다.
교사는 객관적 진리를 전달하는 전문가이다.	교사는 자신의 지혜를 전달하는 스승이다.
학생은 교사를 동등한 존재로 대한다.	학생은 교사를 존경심으로 대한다.
교육수준이 높은 사람은 낮은 사람보다 덜 권위주의적인 가치를 지닌다.	교육수준이 높은 사람이나 낮은 사람이나 비슷한 정도로 권위주의적인 가치를 지닌다.
조직 안의 위계는 편의상 만들어진 역할의 불평등을 뜻한다.	조직 안의 위계는 고위간부와 하위직원 간의 존재적 불평등을 반영한다.
조직에서 권력분산이 흔하다.	조직에서 권력집중이 흔하다.
고위간부와 하위직원 간의 임금격차가 적다.	고위간부와 하위직원 간의 임금격차가 크다.
부하직원과도 상의해야 한다.	부하직원은 지시에 따라 일을 한다.
이상적인 상사는 수단이 좋은 민주주의자이다.	이상적인 상사는 선의의 전제자 또는 착한 아버지이다.
특권이나 지위상징을 언짢게 한다.	경영자에게 부여되는 특권이나 지위상징은 당연한 것으로 여겨지며 인기가 있다.

② 개인주의 문화와 집합주의 문화

표 2-2 집합주의 사회와 개인주의 사회의 주요 차이점

집합주의 사회	개인주의 사회
사람들은 확대가족 또는 기타 집단 속에 태어나서 충성심을 바치는 대가로 계속 보호를 받는다.	모든 사람은 자기 자신과 직계 핵가족만을 스스로 돌볼 수 있도록 성장한다.
정체감의 근원은 개인이 속해 있는 사회적 그물망 속에 있다.	정체감의 근원은 개인 안에 있다.
어린이는 '우리'라는 틀 안에서 생각하는 법을 배운다.	어린이는 '나'라는 의미 안에서 생각하는 법을 배운다.
언제나 조화가 유지되어야 하며 직접적인 대립은 피해야 한다.	자신의 생각을 그대로 말하는 것이 정직한 사람의 특성이다.
높은 맥락의 의사소통	낮은 맥락의 의사소통
규칙위반을 하면 자기 자신과 집단에 대한 수치심과 체면손상을 느낀다.	규칙위반을 하면 죄책감과 함께 자기존중감 상실을 느낀다.
교육의 목적은 어떻게 행동할 것인가를 배우는 것이다.	교육의 목적은 어떻게 학습할 것인가를 배우는 것이다.
졸업장은 보다 높은 지위의 집단에 들어갈 자격을 부여한다.	졸업장은 경제적 가치와 자기존중감을 높여준다.
고용주와 종업원 간 관계는 가족관계와 같이 도덕적 측면에서 지각된다.	고용주와 종업원 간 관계는 상호이익에 기반을 두는 일종의 계약이다.
고용 여부와 승진 결정에 종업원이 속해 있는 내집단이 지각된다.	고용 여부와 승진 결정은 오로지 기술과 규칙에 근거해서만 이루어진다.
경영은 집단의 경영이다.	경영은 개인의 경영이다.
인간관계가 일보다 우선이다.	일이 인간관계보다 우선이다.

③ 남성적 문화와 여성적 문화

표 2-3 여성적 사회와 남성적 사회의 주요 차이점

여성적 사회	남성적 사회
사회의 지배적인 가치는 다른 사람을 돌보는 것과 보호하는 것이다.	사회의 지배적인 가치는 물질적 성공과 진보이다.
사람들과의 따뜻한 인간관계가 중요하다.	돈과 물건이 중요하다.
모든 사람이 겸손하다고 가정한다.	남성들은 자기주장적이고 야심만만하며 거칠다고 가정한다.
가정 안에서 아버지와 어머니가 모두 사실과 감정을 공히 다룬다.	가정 안에서 아버지는 사실을 어머니는 감정을 다룬다.
소년·소녀들이 모두 울어도 되며, 소년이든 소녀든 싸워서는 안 된다.	소녀는 울고 소년은 울지 않는다. 소년은 공격을 받을 때 맞서 싸워야 하며 소녀는 싸워서는 안 된다.
약한 자에게 공감한다.	강한 자에게 공감한다.
평균수준의 학생이 규범이 된다.	뛰어난 학생이 규범이 된다.
학교에서 낙제하는 것은 사소한 일이다.	학교에서 낙제하는 것은 엄청난 재앙이다.
다정다감한 교사들이 인정받는다.	명민한 교사들이 인정받는다.
소년·소녀가 같은 과목을 공부한다.	소년·소녀가 다른 과목을 공부한다.
살기 위해 일한다.	일하기 위해 산다.
경영자는 직관을 이용하여 합의점을 찾는다.	경영자는 결정을 내려야 하며 자기주장적일 것으로 기대한다.
동등, 단결, 생활의 질을 강조한다.	형평, 동료 간의 경쟁, 업적을 강조한다.
화해와 협상에 의해 갈등을 해결한다.	투쟁하여 물리침으로써 갈등을 해결한다.

④ 불확실성 회피문화와 수용문화

표 2-4 불확실성 수용문화와 회피문화의 주요 차이점

불확실성 수용문화	불확실성 회피문화
불확실성은 생활의 일상적 특징이며 하루하루를 되는대로 살아간다.	생활 속에 내재해 있는 불확실성은 극복되어야 하는 지속적인 위협요인으로 느낀다.
낮은 스트레스, 주관적 행복감	높은 스트레스, 주관적 불안감
애매한 상황과 익숙하지 않은 모험에 대해 편하게 느낀다.	익숙한 모험을 받아들인다. 애매한 상황과 익숙하지 않은 모험을 두려워한다.
더러운 것과 꺼리는 것에 대해 아이들에게 요구하는 규칙이 융통성 있다.	더러운 것과 꺼리는 것에 대해 아이들에게 요구하는 규칙이 엄격하다.
다른 것에 호기심을 갖는다.	다른 것에 위험하게 생각한다.
학생들은 개방적인 학습 성향을 편하게 느끼며 좋은 토론에 관심을 갖는다.	학생들은 구조화된 학습상황에 편하게 느끼며 정답을 찾는데 관심을 갖는다.
교사들도 '나는 모른다!'라고 말할 수 있다.	교사들은 모든 정답을 알고 있는 것으로 가정한다.
반드시 필요한 규칙 이외의 규칙은 둘 필요가 없다.	별로 실효가 없는 규칙이라도 감정적으로 규칙을 필요로 한다.
시간은 행동의 방향제시를 위한 틀이다.	시간은 돈이다.
게으름을 피워도 편안하게 느낀다. 필요할 때에도 열심히 일한다.	감정적으로 바빠야 한다는 필요를 느낀다. 열심히 일해야 한다는 내적 압력을 느낀다.
명료성과 정확성을 학습해야만 한다.	명료성과 정확성이 몸에 배어 있다.
엉뚱하고 혁신적인 생각과 행동에 대해 수용적이다.	엉뚱한 생각과 행동을 억누른다. 혁신에 대한 저항이 있다.

7 국제경영과 문화

(1) 국제경영자와 문화

국제경영자가 직면하고 있는 문제는 다음과 같다.

① 언제 문화가 중요한 요인인가? 언제 중요한 요인이 아닌가?

② 다른 요인에 비해 문화에 얼마나 큰 비중을 두어야 하는가?

③ 문제를 해결하기 위해 또는 기회를 활용하기 위해 문화적 분석을 어떻게 적용할 것인가?

(2) 의사결정에 영향을 주는 요인

1) 내부요인

① 최고경영자의 성격

② 조직전략

③ 이미 확보한 자원(재무, 시설, 스태프, 기술)

④ 조직역사

⑤ 정책과 시스템

⑥ 조직문화

2) 외부요인

① 경쟁사에 의한 의사결정

② 공급자에 의한 의사결정

③ 고객에 의한 의사결정

④ 노동시장

⑤ 기술

⑥ 국가, 지역, 세계경제

⑦ 금융시장

⑧ 현지, 국가, 지역, 국제정치

⑨ 법과 규제
⑩ 하부구조(교통, 전력 등)
⑪ 노조
⑫ 소비자단체
⑬ 인종, 종교 시스템
⑭ 환경운동
⑮ 산업이해관계자
⑯ 국가문화

3) 기업이 고려할 요인

① 다른 나라의 법과 규제
② 경제현황
③ 시장조건 및 현지 기업들로부터 경쟁
④ 국가문화

(3) 국가문화의 정의

① 문화는 한 집단에 특이하다.
② 문화는 타고난 것이 아니라 학습된다 : 문화는 한 세대에서 다음 세대로 전수된다.
③ 문화는 가치 시스템을 포함한다.

제 3 장

국제경영전략

1. 국제경영전략의 의의
2. 세계 최우량기업의 조건
3. 국제경영전략의 특징

1 국제경영전략의 의의

(1) 국제경영전략의 의미와 필요성

1) 의 미

① 기업이 한 국가나 지역단위가 아니라 세계를 하나의 시장으로 보고 범세계적 차원에서 사고하고 기업의 활동을 계획하고 집행하는 것

② 기업이 직면하고 있는 국제환경변화를 분석하여 기업문화를 재정립하고 사업구조를 조정하고 경쟁전략을 수립

③ 국제시장의 세분화를 통해 자신이 경쟁할 국제시장을 선정하고 국제시장 진입방식을 결정하는 전략적 선택

2) 필요성

① 경쟁에서 이기기 위한 방법으로 국가 간의 차이, 규모의 경쟁, 범위의 경제가 필요

② 국제화는 국가 사이에 발생하는 노동비용이나 자본비용 등 생산요소비용의 차이를 활용하여 원가를 절감

③ 기업의 국제화를 통해 얻을 수 있는 가장 큰 장점은 생산규모가 증가함에 따라 생산비가 감소하는 규모의 경제효과

④ 제품을 개별적으로 생산하는 것보다 다량의 제품을 생산할 때 소요비용이 절약되는 범위의 경제

(2) 경영전략의 사례

① 포도주 산업은 전통적으로 다수의 소규모 회사들이 관세 · 비관세 장벽을 보호벽으로 국내시장을 놓고 경쟁하던 시장

② 세계적인 무역자유화로 국제 포도주시장에서 경쟁자의 수가 대폭적으로 증가하자 미국의 한 포도주 회사가 독자적인 유통경로를

구축함으로써 포도주 산업의 재편을 시도

③ 포도주 유통을 위한 경로 구축에는 대규모 자본투자가 필요하기 때문에 대규모 자본을 동원할 수 없는 영세한 포도주업자들은 경쟁에서 탈락

④ 그 결과 국제 포도주 산업 내 경쟁자의 수가 크게 감소

(3) 전략적 선택과정

1) 환경변화에 따른 선택과정

기존전략 → 거시환경변화 → 미시환경변화 → 의사결정상의 불확실성 증대 → 전략적 선택 → 환경변화에 적응 → 국제경쟁력 향상

2) 국제전략의 선택과정

① 기업은 국제경쟁에 대처하는 전략을 보유하고 있으며 그 전략은 기업을 둘러싸고 있는 국내외 경쟁환경의 변화로 위기에 직면

② 기업은 부단히 국내외 경쟁환경을 분석하여 변화된 환경에 적응하거나 환경을 변경하는 전략적 선택을 통해 국제경쟁력을 유지 발전

기업이 분석해야 할 환경 : 거시환경과 미시환경

- 거시환경 : 산업의 종류를 불문하고 경영활동에 종사하는 모든 기업에게 영향을 미치는 정치적, 경제적, 기술적, 법률적, 사회 · 문화적 요소
- 미시환경 : 새로운 기업의 진출위험, 부품과 원료 등의 공급자, 대체품, 고객 및 경쟁자 등 특정한 산업 내의 경쟁상황에 즉각적인 영향을 미치는 환경을 의미

(4) 국제화 전략과정

① 세계시장 차원에서 사고와 행동이 개별국가 및 지역중심적인 접근방법이나 행동양식을 극복할 수 있어야

→ 각 기업의 목표가 범세계적 목표와 일치하는지 검토하고 필요한

경우 수정

② 본사나 자회사 모두 하나의 범세계적 분업과 전문화 체계에 연계되고 상호 긴밀한 협력과 의사소통을 통해 통합 및 비용절감 가능성을 극대화해야

→ 각 기업들 사이에 직접적인 의사소통을 가능하게 하는 하나의 정보교환체계 구축

③ 모든 기업들의 목표달성을 최적화하기 위해 국가 간에 회계적 균형 유지를 추구

→ 세계화의 사고를 우선하며 내부적인 경쟁의식 보다는 하나의 개방적인 협력분위기 형성

④ 제품과 마케팅 프로그램, 경영 및 통제 시스템에서 가능한 표준화 수행

→ 세계시장에 공통적인 하나의 통일된 전략을 추구하여 국제화 효율성을 달성

(5) 국제전략 수립을 위한 요소

전세계에 기업활동을 어떻게 배치할 것인가? 배치된 기업활동을 어떻게 통제하고 조정할 것인가?

1) 핵심역량의 이전 가능성

① 핵심역량은 기업이 보유하고 있는 우월적 내부역량으로 경쟁기업과 차별화되고 경쟁우위를 지니는 능력을 의미

② 핵심역량의 사례 : 소니의 소형화 능력, 도요타의 JIT 생산 시스템 등

③ 해외로 진출하려는 기업은 먼저 자신의 핵심역량이 무엇이며 경쟁기업과 비교하여 경쟁우위를 지속시킬 수 있는지 검토

④ 국제전략에는 기업의 핵심역량을 해외시장에 이전 가능하다는 것이 전제되어야 성공 가능

2) 가치사슬의 배치

① 국제경쟁력은 상대적인 저원가와 차별화에 따른 경쟁우위에서 비롯(porter)

② 경쟁우위는 연구, 개발, 생산, 물류, 마케팅, 지원활동 등 개별기능 활동의 연쇄관계 및 상호작용을 나타내는 가치사슬의 분석을 통해 파악

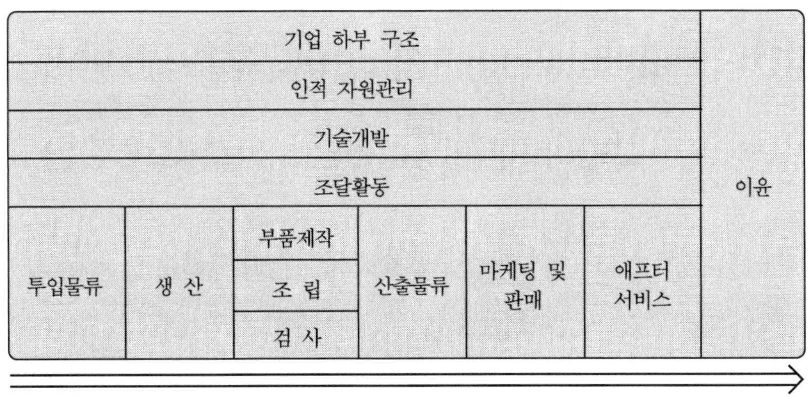

그림 3-1 Porter의 가치사슬

③ 생산 · 판매 · A/S 등은 주요 활동이고, 인적 자원관리 · 기술개발 등은 보조활동

④ 가치사슬의 주요 활동을 세계 어느 지역에 배치할 것인지가 중요한 전략적 의사결정

3) 진출시장의 선정

① 진출하고자 하는 시장은 한정된 국가보다는 전 세계에 널리 진출하여 지역적 균형이 필요

② 진정한 의미의 국제전략은 기업의 매출이 전 세계적으로 시장규모에 맞춰 균형을 맞추는 것을 의미

③ 진출 대상국은 국제화 차원에서 전략시장이 선정되는 것이 바람직

④ 전략시장이란 성장잠재력이 큰 시장, 경쟁기업의 모국시장이나 주력시장, 기술개발 본산의 시장 등을 의미

4) 진입방식의 선택

① 해외직접투자로 신설할 것인지 현지기업을 인수할 것인지에 대한 선택, 소유전략의 선택, 시기에 따른 진입전략의 선택

② 해외직접투자의 신설이나 현지기업 인수는 경쟁구조에 대한 영향을 고려

③ 소유전략은 해외활동에서 자원이 어느 정도 투입되어 묶이게 되는지를 결정하는 중요한 변수

④ 시장진입방식은 예상되는 투입자원의 종류와 정도에 따라 체계화되며 수출활동, 무자본 해외활동, 자본참여 해외활동의 3가지로 구분

5) 통제와 조정

① 국제기업들은 국제전략을 수립하는 과정에서 기업활동의 세계적 배치와 조정에 대한 결정

② 국제기업의 활동이나 가치창출활동에 적절한 통제와 조정이 이루어질 때 국제기업 차원에서 시너지 효과가 창출

③ 국제경영전략이 성공적으로 수행하기 위해서는 본사와 자회사 사이에 효율적인 공동작업이 필요

(6) 국제경영전략 수립과정

① 국제경영전략 수립은 전략사업단위의 정의부터 시작

② 전략사업단위의 정의

- 경영활동상 한 기업이 영위하는 다른 사업들과 독립되어 있어 그 사업과 관련된 의사결정을 다른 사업단위와는 상당히 독립적으로 내릴 수 있는 사업단위
- 홀로 설 수 있는 사업단위로 다른 사업단위와 별도로 독자적인 고객, 제조공장, 유통경로를 보유

③ 전략사업단위의 식별 이후 국제기업은 자사의 핵심전략을 정의해야 하며 핵심전략에는 기업문화, 제도적 전략, 기업전략, 사업전략, 직능전략, 기능전략

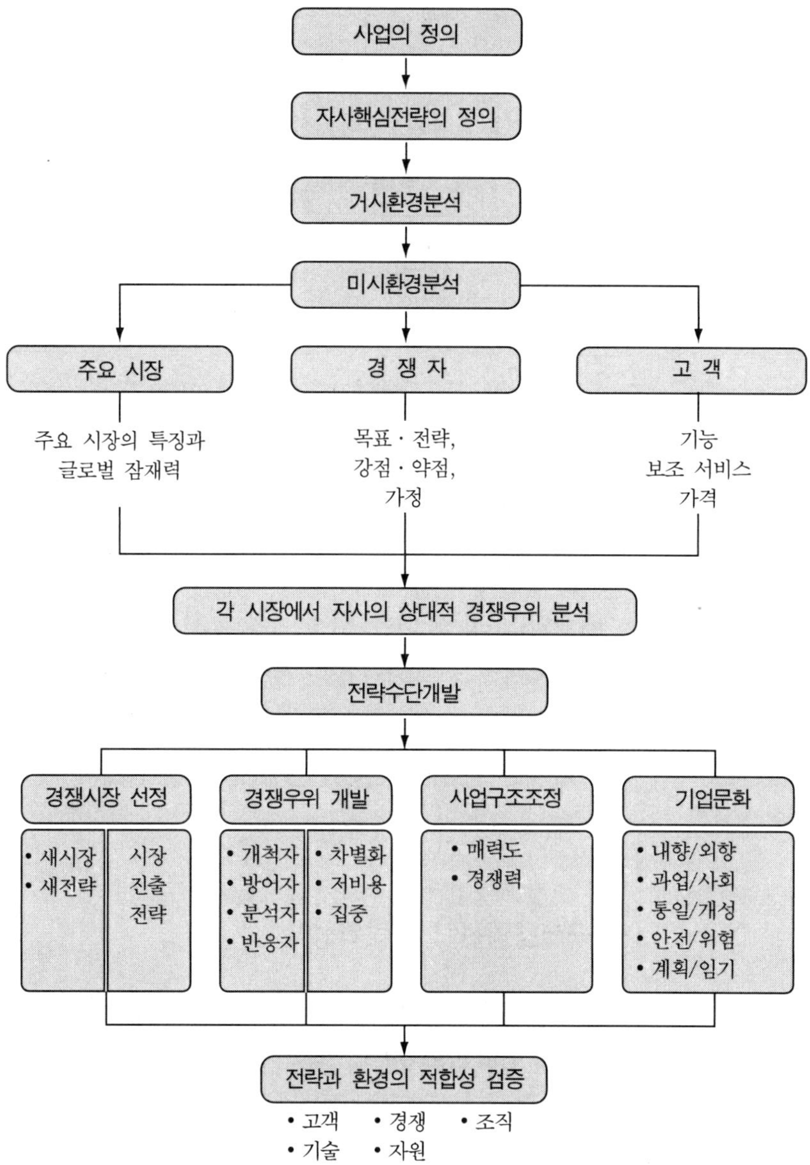

그림 3-2 국제경영전략 수립과정

④ 핵심전략에 대한 정의 이후 기업을 둘러싸고 있는 국제경영 환경상의 변화를 분석

⑤ 기업을 둘러싸고 있는 환경은 지속적으로 변화고 있어 환경변화의 반응에 따라 기업의 생존이 결정

1) 국제경쟁에서 탈락하여 사라진 기업

① 환경변화에 미온적으로 대처하거나 뒤늦게 대응하여 적절한 대응 시기 놓침
② 최고경영자는 경영환경의 변화에도 불구하고 경영방법의 혁신과 기업체질 개선에 대한 의지가 부족
③ 또한 관료적인 기업체질을 유지하며 방만한 경영형태를 유지

2) 경영환경 변화에 성공적으로 대처한 기업

① 환경변화에 적극적으로 대응하며 변화 속에서 새로운 기회를 추구
② 이 기업들은 기업체질을 바꾸고 고객만족을 위해 품질개선과 기술개발, 생산성 향상에 총력을 투입
③ 이러한 전략적 선택은 모두 환경분석을 통해서만 가능
④ 환경분석 대상으로 거시환경과 미시환경이 있으며 미시환경분석에는 고객, 경쟁자, 주요 시장분석이 특히 중요

2 세계 최우량기업의 조건

(1) 전략적 선택

1) 기업문화

① 사회적 요인, 산업적 요인, 내적 요인 등 다양한 영향을 받아 형성
② 사회적 요인은 윤리, 도덕가치, 가족제도, 법규, 정부역할, 경제체계, 기술 등
③ 산업적 요인은 제품, 고객, 기술집약성, 기술변화도, 수명주기, 산업구조, 시장경쟁 등
④ 내적 요인은 경영주의, 경영이념, 기술, 제품의 수명주기, 인적자원 등
⑤ 기업구성원이 공유하고 있고 구성원 행동과 기업전체의 행동에 기

본으로 작용하는 고유의 가치관과 신념, 규범, 관습, 행동패턴의 거시적 총체로 정의

한국의 성공한 기업들의 공통적인 특징

- 인재 제일을 목표로 연수원 설립 등 우수한 인재를 양성
- 조직 내 인재의 존엄성과 직원 간 단결을 중시
- 직원들의 창의적인 발상과 의견을 받아들이고 반영
- 각 직원의 책임감과 애사심을 기르게 하여 공동체 기업문화를 형성

■ **삼성그룹**
- '기업은 곧 사람이다'라는 창업이념 하에 '능력주의' '적절한 인재와 적절한 쓰임' '상벌 분명' 등의 원칙을 적용
- 삼성그룹 종합연수원 설립과 해외연수 등 직원들의 교육훈련을 실시

■ **LG그룹**
- '임원평가 위원회' '인사고문 위원회' '인재개발 위원회' 등 인재확보 및 양성기구를 설립해 고급 관리직에 대한 체계적인 관리

■ **동양그룹**
- '오리온 가족회의'와 '청년이사회 제도' 등 기업의 최고 경영자가 직원들과 직접 만나 의견과 건의를 수렴
- '다함께 전진운동'은 노조가 자발적으로 조직한 경영혁신운동

■ **SK그룹**
- 노사협상 중에 제의 가능한 안건(임금, 복리 등)과 제의 불가능 안건(경영정책결정권, 인사권 등)을 엄격히 구분
- 회사는 경영상황을 직원에게 공개하고 노조 스스로 기업경영의 현실과 능력을 판단할 수 있도록 환경을 조성
- 노사분규로 인한 경영손실을 억제

2) 기업전략

① 외적 환경변화에 대응하면서 기업목표를 달성하기 위해 기업의 약점을 보강하고 강점을 최대한 이용해 지속적으로 경쟁력을 확보하기 위한 경영계획

② 경영을 지배하는 가장 상층부의 경영전략으로 기업이 무엇을 해

야 하며 어떤 목표를 어떻게 달성해야 하는가를 명확히 제시하는 활동

3) 사업전략

① 기업이 어떻게 특정사업 또는 산업에서 경쟁할 것인가 하는 문제
② 목표를 달성하기 위해 어떻게 경영자원을 배분하고 활용해야 하는지를 나타내는 수단
③ 기업가치의 극대화인 기업목표에 대한 명확한 이해로부터 시작
④ 기업의 사업전개 방향과 비즈니스 시스템의 역할을 명확하게 정의할 수 있어야 함
⑤ 최적의 사업전략은 복수의 사업전략안을 수립하고 각각의 사업가치를 평가하여 리스크를 충분히 파악하여 선택

4) 직능전략

마케팅, 생산, 인사, 재무, 연구개발, 조달 등 광범위한 모든 분야에 걸친 목표설정과 중복이 없는 일관되고 통일된 명확한 기본방침

(2) 운영효율성

1) 정 의

① 경쟁자들이 수행하는 활동보다 더 우수하게 실행하는 것
② 제품의 결함을 감소시키거나 우수한 제품을 더 빨리 개발하는 등 기업이 투입요소를 잘 활용하는 데 도움이 되는 다수의 활동

2) 의 미

① 기업이 초과수익을 얻기 위해서는 운영효율성을 지속적으로 개선해야 되지만 장기간 경쟁에서 앞서 나가는 것은 현실적으로 어려움
② 운영효율성 제고방안은 최고의 업무방식(best practice)의 실행이지만 경쟁기업은 경영기법, 신기술, 투입요소 개선, 고객욕구의 충

족 등을 빠르게 모방

③ 컨설턴트의 지원 하에 운영효율성 기법이 빠르게 확산되기 때문

사례

■ **사우스웨스트 항공사(Southwest Airlines)**

- 짧은 항공시간과 저비용으로 중소도시와 대도시의 제2의 공항들을 연결하는 점대점서비스를 제공
- 저렴한 비용과 편리함을 추구하는 여행자들을 대상
- 공항에서 실시하는 정비가 15분 이내로 경쟁사보다 운항시간을 연장하고 적은 수의 비행기로 출항횟수 증가
- 기내식, 지정좌석, 항공사 간의 수하물수속, 우등석 등의 서비스 생략
- 공항에서 바로 발매할 수 있는 시스템 도입으로 고객이 여행사를 거치지 않도록 유도

■ **이케아(IKEA)**

- 홈인테리어 전문 쇼핑몰로 아동 및 유아용품, 소파, 의자, 생활가구, 주방용품 판매
- 저렴한 가격에 고품격을 원하는 젊은 가구 구매자 대상
- 판매직원이 고객들을 상점을 안내하는 대신 깔끔한 매장전시를 기반으로 셀프서비스 체제도입
- 서비스를 비용과 기꺼이 상쇄하려는 고객을 대상
- 저렴한 원가에 모듈 방식으로 원하는 가구만을 구입하여 위치에 맞게 바로 조립할 수 있는 자신만의 가구를 설계
- 매장 내에 탁아 서비스와 판매시간 연장의 특별 서비스 제공

(3) 핵심역량

1) 정 의

① 다른 기업이 모방하거나 따라올 수 없는 차별화된 힘

② 다양한 시장에 접근할 수 있는 잠재력을 제공

③ 최종 제품에 대해 고객이 지각하는 혜택에 크게 기여

2) 사 례

① 소니 : 소형 모터 및 컨트롤러 등 소형화 기술
② 캐논 : 캐논의 정밀기계기술 광학기술
③ 혼다 : 엔진관련 기술
④ 월마트 : 강력한 물류 시스템
⑤ 코카콜라 : 자사 브랜드 이미지 통합으로 지속적인 마케팅 능력의 확대
⑥ 맥도날드 : 프로세스 관리방식(프랜차이즈)
⑦ 3M : 신제품 개발 역량
⑧ ABB(스위스 다국적 기업으로 드라이브, 계전기, 모터 등 취급) : 조직 재구축 역량
⑨ 이토요가도(일본 슈퍼마켓) : 정보공유 역량
⑩ 마이크로소프트 : 외부자원 활용 역량
⑪ GE : 지속적 혁신 역량

(4) 자원 · 역량 · 전략과 국제경쟁력

1) 국제경쟁력

① 기업이 보유하고 있는 자원과 역량 그리고 경영자가 선택하는 효과적인 전략에 의해 결정
② 기업의 경쟁우위는 기업이 창조하는 가치에 의해 결정
③ 기업이 창조하는 가치는 기업이 공급하는 제품이나 서비스에 대해 고객이 느끼는 혜택에서 비용을 공제한 나머지를 포함
④ 기업이 국제경쟁력을 갖기 위해서는 우선 다른 나라 기업이 갖고 있지 않은 자원과 역량을 보유하여 더 많은 가치를 창조해야

2) 자 원

① 기업특유의 특허권이나 상표, 평판, 기업 특유의 노하우나 전문지식을 갖춘 조직 구성원

② 청량음료시장의 코카콜라 상표, 휴대폰 시장의 삼성전자의 애니콜 등
③ 건물, 원재료, 비숙련 노동과 달리 특화된 자산이나 생산요소이기 때문에 다른 기업이 국제시장에서 구입이나 모방에 어려움
④ 자원은 다른 기업보다 더 많은 가치를 창조하는 기업의 능력에 직접적인 영향을 미침

3) 역 량

① 기업이 경쟁기업에 비해 특별히 잘하는 활동들을 지칭
② 자원은 기업이 갖고 있는 것인 반면 역량은 기업이 수행하는 활동
③ 기업의 특정한 직능 안에 존재
- 삼성전자의 신제품 개발 역량
- 일본 전자회사 마쓰시타의 유통경로관리 역량

④ 특정한 기술이나 제품 디자인과 연관
- 일본 혼다의 소형엔진 디자인 역량
- 미국 듀퐁의 나일론 제작기술

⑤ 기업이 수행하는 여러 가지 경영활동을 연결하고 조정하는 기업의 능력
- 1970년대 이후 일본 자동차회사들은 자동차 디자인, 엔지니어링, 제조, 마케팅과 관련된 경영활동을 효과적으로 연결하여 미국 자동차회사보다 2배 이상 기간단축

4) 자원과 경영전략

기업이 경쟁우위를 갖기 위해서는 이러한 자원과 역량을 효과적으로 조직하는 경영전략이 필요

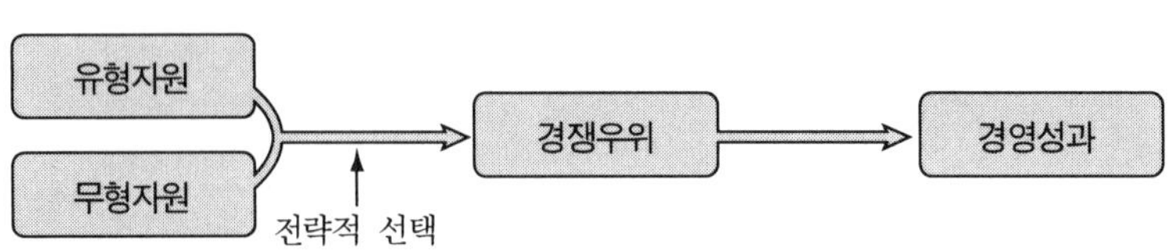

그림 3-1 자원과 전략

3 국제경영전략의 특징

(1) 국제경영전략의 수립

다음과 같은 체계적인 과정을 통해 수립
① 각 사업의 국제화 수준 및 가능성을 평가
② 진출대상 국가 및 시장을 선정
③ 시장진입방법 및 투자방식을 결정
④ 기업활동의 세계적 배치와 조정에 대한 결정
⑤ 국제화 전략을 뒷받침하는 조직체계를 구축

(2) 국제화 전략의 특징

국제 경제환경의 변화에 자국기업을 적응시키기 위해 세계로 진출시킬 제품이나 시장구조의 결정
① 세계화 경영목표달성의 수단
② 환경적응의 기능
③ 전략적 기회를 발견하는 기능
④ 경영활동을 종합하는 기능
⑤ 정보수집을 효율화하기 위한 결정률

(3) 국제화 성장전략

1) 시장침투전략

① 기존제품을 현재시장에서 시장점유율을 확대하고 매출액을 신장시켜 나아가 이익증대를 도모하고자 하는 전략
② 현재 어떤 제품을 사용하는 고객들로 하여금 더 많이 또는 더 자주 구입하게 하는 전략
③ 광고 및 판촉의 강화, 가격할인 및 유통경로 확대 등

2) 제품개발전략

① 이미 개척해 놓은 기존시장에 새로 공급할 신제품을 개발하여 성장하려는 전략
② 기존상품을 구입하는 고객들로 하여금 새로운 상품을 구입하게 하여 성장을 달성하려는 전략
③ 신제품개발로 기업의 이윤을 확보하고 시장변화에 대응하여 기술적 자산을 유지하고 기업의 성장을 보장하기 위한 목적

3) 시장개발전략

① 기존제품을 전제로 새로운 시장을 개척함으로써 성장을 도모하려는 전략
② 기존상품을 구입하지 않는 사람들을 설득하여 구입하게 만드는 전략
③ 지역적으로 새로운 시장을 모색하거나 새로운 세분시장을 개척하는 전략

4) 다각화 전략

① 새로운 시장을 전제로 이를 개발함으로써 성장하려는 전략
② 수요의 일반적인 쇠퇴, 제품의 진부화, 시장포화 등으로 위협받고 있을 때 신제품을 개발하여 새로운 시장을 확대해 나가는 전략
③ 기업의 잠재능력을 발휘하고 잉여자원을 효율적으로 활용하기 위해 다양한 사업에 진출하여 기업을 확대해 나가는 전략

5) 철수전략

① 제품의 라이프 사이클이 말기에 이르렀거나 전략제품의 수익성이 매우 낮아 손익분기점 이하로 떨어질 경우 판매나 제조를 철수하려는 전략
② 기업이 위기에 닥쳤을 때 위기극복을 위해 기업활동을 축소하거나 청산, 매각하는 전략
③ 우회전략, 포기전략, 창산전략 등이 있는데 경영자 입장에서 추구

하기 싫어하는 전략
④ 불필요한 기업구조나 수익성이 없는 분야의 축소는 오히려 기업에 유리

6) 복합전략

① 같은 시기에 여러 개의 전략을 복합적으로 추구하여 기업의 목표나 성장을 시도하는 전략
② 규모가 상대적으로 작은 기업의 경우 복합전략보다는 확실하게 하나의 전략을 추구하여 경쟁우위를 갖는 것이 유리

표 3-1 국제화 경영전략의 내용

시장 \ 제품	기존제품	신제품
현재 시장	① 시장침투	② 제품개발
새로운 시장	③ 시장개발	④ 다각화

(4) 국제화 전략의 수단

다차원적이어서 전략을 수립하기 위해 여러 분야에서 선택이 필요

1) 국제화 시장참여

시장참여는 사업을 행하는 대상국가의 선정과 특히 시장점유율 면에서 활동수준을 결정하는 문제와 관련

2) 국제화 제품 및 서비스

제품 및 서비스는 세계시장을 대상으로 사업을 함에 있어 여러 국가들에 동일한 제품을 공급할지 또는 각기 차별화된 제품을 제공할 것인지를 결정하는 문제와 관련

3) 국제화 부가가치 활동

부가가치활동의 입지는 연구 개발부터 A/S까지 기업전체 부가가치 사슬상에 위치한 각각의 기업활동을 어느 국가에 위치시킬 것인가의 의사결정 문제와 관련

4) 국제화 마케팅

마케팅은 세계시장을 상대로 사업을 하는데 있어 서로 다른 국가에서 브랜드, 광고 및 기타 마케팅 요소를 어느 정도 표준화해야 하는지에 대한 문제와 관련

5) 국제화 경쟁활동

경쟁활동은 세계시장을 상대로 사업을 하는데 있어 개별국가에서의 경쟁력 행동을 어느 정도 국제화 경쟁전략의 일부분으로 다루어야 하는지의 문제와 관련

(5) 국제경영전략의 장 · 단점

표 3-2 국제경영전략의 장 · 단점

국제화 전략수단	장 점				단 점
	비용절감	품질향상	소비자선호도 제고	경쟁능력 증대	조정비용
시장참여	규모의 경제	세련된 소비자 및 강력한 경쟁자에 노출	범세계적 이동 가능성, 서비스 제공, 인지도	초기 진입의 유리, 공격 및 반격 가능 지역	능력 이상의 신규 시장확보에 따른 비용발생
제품	제품개발 중복 회피	제품개발 및 관리자원을 집중화	세계 어느 곳에서나 소비자가 구매 가능		
	조달 생산 제고 비용감소	세계적으로 동일한 제품을 구매하여 사용가능	낮은 시장점유율 상쇄	저가격 침투전략의 기반조성	현지 소비자 욕구에 충분히 적응 못함
활동입지	활동의 중복을 피함	노력 집중		현지 여건에 관계없이 지속적 원가우위 달성	소비자로부터 거리가 멀어짐

〈표 3-2〉 계속

국제화 전략수단	장 점				단 점
	비용절감	품질향상	소비자선호도 제고	경쟁 능력 증대	조정비용
활동입지	규모의 경제활용	지속적 품질관리		경쟁우위 기반을 유연하게 전환 가능	외환위험 증대 가능성
	국가 간 요소비용 차이 활용				새로운 경쟁자 창출 위험성
	부분 집중을 통해 환율변동이나 현지정부에 대한 유연성 제고				부가가치 사슬의 어려움
마케팅	마케팅 프로그램의 설계 및 실행 비용절감	인재 및 자원을 집중화, 창조적 아이디어 활용	다른 국가에 같은 마케팅 프로그램을 활용함으로써 마케팅 메시지 강화		현지 소비자 행동 및 마케팅 환경에의 적응이 완전하지 못할 수 있음
경쟁활동				어느 국가에도 자원을 집중 투입할 수 있음	
				국경과 방어에 대한 전략적 선택의 다양화	개별 국가에서의 경쟁력이 다소 약화될 수 있음

제 4 장

국제경쟁력

1. 국가경쟁력의 지표
2. 국가경쟁력의 차원
3. 국제경쟁력의 강화방안
4. 국제경쟁력 수행의 성공적 전술방법

국제경쟁력의 용어는 널리 사용되고 있으나 그 정의는 분명치 않다. 국내에서는 주로 수출경쟁력을 국제경쟁력이란 용어로 사용하여 왔으며 원화가치 상승, 노사분규, 임금인상 등으로 인해 수출증가율이 감소되거나 정체되어 국제수지가 적자로 반전되면 국제경쟁력이 약화되었다고 하였다.

1 국가경쟁력의 지표

1인당 GDP, 생산성, 수출입증가율 및 무역수지, 가격경쟁력, 국제시장지분, 현시비교우위지수 등이 있다.

(1) 1인당 GDP

① 국가의 국가경쟁력을 나타내는 가장 간단한 지표
② 한 나라의 경제가 경제성장을 지속한다는 것은 그 나라가 생산하는 상품과 서비스가 국가경쟁력이 있어야 가능
③ 1인당 GDP 수준과 증가율은 한 나라의 기업들이 생산한 제품과 서비스가 국내외시장에서 외국의 제품과 서비스와 경쟁하여 우위에 설 수 있는 정도를 나타냄

(2) 생산성

① 생산은 노동이나 자본과 같은 본원적 생산요소와 원재료 등을 투입하여 새로운 재화나 서비스를 산출하는 과정
② 생산성은 이러한 생산과정에서 각종 투입요소가 얼마만큼 효율적으로 이용되었는가를 나타내는 지표
③ 국민 경제적으로 보면 생산성 향상은 지속적인 경제성장을 가능하게 하여 국민생활 수준을 개선

④ 생산성은 제품의 가격을 결정하는 중요한 역할을 하기 때문에 상품의 국제경쟁력과 밀접한 관계

⑤ 생산성의 개념
- 투입된 생산요소에 대한 산출품의 비율로 측정
- 투입과 산출의 평가방법에 따라 개념이 매우 다양
- 물량단위로 평가하느냐, 화폐단위로 평가하느냐에 따라 물적 생산성과 가치생산성으로 구분
- 노동 및 자본 등 개별요소만으로 평가하느냐, 투입요소 전체로 평가하느냐에 따라 개별요소 생산성과 총요소 생산성으로 구분
- 이중 노동생산성은 자료의 이용과 계산이 비교적 용이하여 가장 널리 사용

(3) 수출입증가율 및 무역수지

① 기업들의 국제경쟁력을 반영하는 지표의 하나

② 무역수지의 적자나 흑자가 기업의 국제경쟁력과 반드시 1 : 1 관계는 아니다

③ 수출품의 실질적인 국제경쟁력을 제고하지 않고 생산제품의 품질을 개선하거나 제품생산 비용을 절감하는 방법으로 수출입을 균형시키는 방법이 가능

④ 실질적인 국제경쟁력 제고 없이 무역수지를 개선하는 방법
- 원화가치 절하
- 국내경기를 위축시켜 수요감소
- 관세나 비관세장벽을 설치하여 수입을 억제하고 국내 산업을 보호

위 세 가지는 국민을 가난하게 하면서 무역수지를 개선하는 방법

⑤ 국민의 생활수준을 높이면서 무역수지를 개선하는 방법은 기업경영의 효율성과 효과성을 제고하는 것

(4) 가격경쟁력

① 수출단가지수는 수출상품의 가격경쟁력에 대한 총체적 수준을 표시
② 여러 나라에서 미 달러표시 수출단가지수를 자국 상품의 국제경쟁력을 측정하는 지표로 사용
③ 선진국은 기업브랜드로, 중진국은 국가브랜드로, 개발도상국은 가격경쟁력으로 국제시장에서 승부
④ 최근 우리나라는 고환율정책으로 수출단가를 낮추고 가격경쟁력을 높여 수출을 늘린다는 위험한 정책을 시도하기도 했음

(5) 국제시장지분

한 나라가 수출하는 상품전체 또는 개별상품이 세계 수출시장에서 점유하는 비율은 그 나라가 생산 수출한 상품의 국제경쟁력을 나타냄

(6) 현시비교우위지수

전세계 수출시장에서 개별품목의 비중과 특정국 수출에서 동 품목이 차지하는 비중을 비교한 양자 간의 비율에 의해 해당국의 비교우위 또는 비교열위를 판단하는 기준으로 개발된 지수

2 국가경쟁력의 차원

① 최근 한국경제의 국가경쟁력이 하락하고 있는 것으로 파악
② 하락 이유는 한국경제, 나아가 한국경제를 구성하는 산업들과 각 산업에 참여하고 있는 한국기업들이 생산하는 제품과 서비스의 효율성이 경쟁국가, 경쟁국가의 산업, 경쟁국가의 기업들보다 떨어진다는 것을 의미

③ 국제경쟁력 저하는 국민의 생활수준 저하로 연결
④ 한 나라의 국제경쟁력은 국가차원, 산업차원, 기업차원의 국제경쟁력으로 구분

(1) 국가차원

1) 다양한 변수요인

① 경제체제, 교육제도, 사회보장제도, 사회간접자본, 자본비용, 범죄율 등
② 국민의 자세 : 기업가정신, 근로자 자세, 정치가 역할 등
③ 국방비 : 미소경쟁과 미국과 소련의 몰락 등

2) 국제사회에서 다른 나라와 경쟁하여 승리할 수 있는 능력

① 공업생산력 : 제조산업(스위스, 독일, 미국 등)
② 서비스 산업 : 금융 등(싱가포르, 런던, 뉴욕 등)
③ 문화분야산업 : 영화와 패션 산업 등(프랑스와 이태리 패션, 미국영화 등)
④ 국가인지도 : 일본의 전자 및 자동차산업 등
⑤ 교육산업 : 호주는 연 8조원의 교육수입, 한국은 연 15조원의 교육비용
⑥ 연구개발능력 : 미래 산업에 끼칠 영향을 고려
⑦ 관광산업 : 나라의 부를 창출하고 일자리 창출력이 거대, 프랑스의 관광수입은 세계 1위, 로마 연 5,000만 명, 중국의 만리장성 등
⑧ 지적산업
⑨ 국제교류 능력 등

(2) 산업차원

1) 비교우위

① 한 나라에서 생산된 제품이 타국에서 생산된 제품보다 생산비면

에서 비교적 싼 경우로 이를 특화하여 무역을 하면 수출경쟁에서 유리
② 반대로 비교열위 품목은 수출이 되지 못한 수입경쟁품목
③ 고전경제학파인 영국의 데이비드 리카도가 규명한 대표적인 근대 무역이론

사례

	A국	B국
X재 노동시간	10시간	9시간
Y재 노동시간	15시간	8시간

- B국은 X재와 Y재 모두 절대적 우위
- 그러나 B국은 상대적 우위인 Y재 생산에 주력하고
- A국은 X재와 Y재 모두 절대적 열위
- 그러나 A국은 상대적 우위인 X재 생산에 주력하여
- 양국이 상대적 열위에 있는 상품을 수입하는 것이 국내에서 자급자족하는 것보다 이익을 얻을 수 있음
- 이는 비교생산비설로 국가 간 자유무역이 각국 모두에게 유리하다는 근거를 제시하여 이후 국제분업 및 무역에 관한 기초이론

2) 요소부족이론

① 핵셔와 오린이 주장한 이론
② 국가 간 비교우위의 원인이 각국이 보유하고 있는 생산요소의 부존량의 차이 때문
③ 각국의 무역형태와 경제구조를 나라마다 상이한 생산요소의 부존량 차이에 의해 설명
④ 모든 국가는 자국에 풍부한 부존자원을 이용한 제품을 생산해 이를 세계시장에 판매하므로 이에 적합한 기술이 발달

사례

	농토	기후	기계(자본)	인구
A국	○	○	×	×
B국	×	×	×	○
C국	×	×	○	×

- A국가는 농업이 발달해 농산물을 생산 · 수출
  - B국가는 노동집약적인 경공업이 발달해 직물, 의류, 신발류 등 생산 수출
  - C국가는 기계를 많이 이용하는 중화학공업, 전자공업이 발달해 기계, 전자제품, 의약품, 화학제품 등을 생산 수출
- A국은 농업기술, B국은 경공업기술, C국은 중화학공업과 전자공업기술이 발달
- 우리나라는 중국에 비해 노동력이 비싸며 자본이 싸므로 우리나라는 자본을 중국으로 수출해서 값싼 노동력으로 제품을 생산하여 이윤을 남기는 전략

3) 국가경쟁우위론

① 포터에 의해 1990년 발표된 국제무역이론의 가장 최근 이론

② 각국의 경쟁우위를 결정하는 근본요소로 관련 및 지원산업, 수요조건, 요소조건, 기업의 전략과 구조 그리고 경쟁관계의 4가지 제시

③ 각국은 이 4가지 요소의 상호작용을 통해 특정산업이 경쟁우위를 갖고 국제무역이 성공하게 됨

④ 이외에도 상황적인 요인인 기회와 정부정책 요인을 경쟁우위에 간접적으로 영향을 미치는 외형변수로 인식

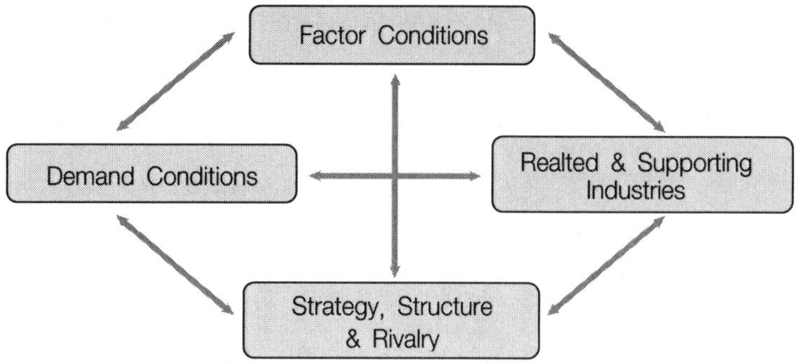

그림 4-1 국가경쟁우위의 모형

- 요소조건(factor conditions)
  - 산업이 경쟁력을 가지고 사업을 영위하기 위해 필요한 자원과 기반을 의미
  - 자연자원, 기후, 위치 등 자연적으로 주어진 기본적인 요소와 통신, 인프라, 기술인력, 기술노하우 등 후천적인 고급요소 포함
  - 각국의 경쟁우위는 이들 요소를 얼마나 풍부하게 보유하느냐보다 이들을 얼마나 효율적으로 사용하느냐에 의해 결정
  - 생산요소를 활용하고 조합하여 혁신을 창출하고 변화된 시장욕구에 부응하기 위해 이들을 끊임없이 개선하는 능력이 더 중요
- 수요조건(demand conditions)
  - 경쟁우위를 더욱 개선 발전시키는 국내수요가 존재하는지의 여부
  - 국내구매자의 구성, 국내시장의 규모와 성장단계, 국제시장수요의 보편성 등
  - 국내소비자가 요구를 많이 하고 혁신을 수용할 자세가 되어 있으며 미래의 추세를 제시할 수 있다면 그 나라의 기업은 경쟁우위를 보유
  - 기업이 국내고객의 욕구를 충족시키려고 노력함으로써 국제적으로 판매될 수 있는 제품을 지속적으로 개발하고 개선

- 관련 및 지원산업(related & supporting industries)
  - 기업의 국제경쟁력을 위해서는 그 산업에 필요한 중간재를 공급하는 산업과 관련 산업의 기술진보가 선행되어야 함
  - 관련산업은 상호보완적 또는 협조적인 산업을 의미
  - 보조산업은 기술과 제품의 혁신과 개발과정에서 긴밀한 협력이 필요한 부품이나 원료산업
  - 신시사이저산업(음악), 세기지역과 졸링겐지역(미용)
- 기업의 전략과 구조, 경쟁관계(Strategy, Structure & Rivalry)
  - 포터는 국가특유의 기업이나 경영모델이 존재하며 특정 기업이나 경영모델이 특정산업에 적합하다고 제시
  - 국가 및 산업 특유의 영향요인들이 기업의 전략 및 구조와 서로 일치할 때 이것이 경쟁력의 원천으로 작용
  - 국내의 치열한 경쟁상황과 특정 산업의 경쟁우위 창출과 지속성 사이에는 강한 관련성이 존재
  - 국내 경쟁여건이 기업에게 혁신과 품질향상, 비용절감, 고급요소에 대한 투자 등을 하도록 압력을 가하면서 기업이 국제적 경쟁우위를 갖도록 유도
  - 이태리기업 대 독일기업, 일본의 국제경쟁력 있는 기업(도요타, 혼다, 닛산)
- 그 외
  - 법제정, 지원, 보증, 자체수요 등을 통해 정부는 기본요소에 영향을 주어 국가경쟁우위를 촉진하거나 저해
  - 우연한 발견, 기술의 대변혁, 정치적 또는 군사적 충돌 등 우연한 기회가 국가경쟁력에 결정적인 영향
  - 정부요인 : 정부개발 5개년 계획, 행정가이드 등
  - 기회요인 : 6.25로 일본의 기계공업 중흥

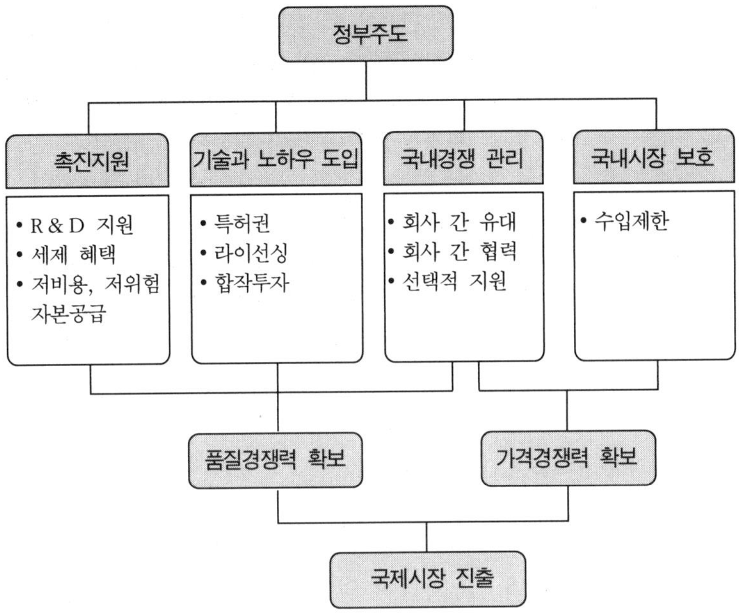

그림 4-2 국제시장 진출과정

(3) 기업차원

1) 제도적 전략(기업문화)

① 기업문화를 의미하며 경영전략의 최상위 개념으로 한 기업이 자신의 기본성격과 비전을 어떻게 형성하는가를 나타낸다.

② 조직 구성원에게 목적의식을 어떻게 심어주고 조직의 구성원들로 하여금 어떻게 회사의 목표와 미션에 몰두하게 하는가에 초점을 맞춘다.

사례

■ **IBM은 훌륭한 제도적 전략을 수립한 기업**

- IBM의 토마스 왓슨은 컴퓨터 시대가 도래하기 이전에 이미 세계적 기업이 될 것으로 기대
- 그의 비전은 개인에 대한 존경, 고객에 대한 서비스와 직무수행에 있어서 탁월함을 강조한 IBM의 기본신조에 잘 나타남
- 제도적 전략은 최고 경영자의 리더십과 비전을 나타내는 것

- 제도적 전략이 성공하면 그 기업의 문화는 기업의 목표를 효과적으로 달성할 수 있는 밑받침이 된다.
- 기업은 모두 독특한 문화를 가지며 오랜 기간에 걸쳐 기업 내외적인 환경의 영향을 받아 형성된 것이다.(예 : 관리의 삼성)
- 기업문화는 기업의 가치관이며 일단 형성되면 쉽게 변하지 않고 지속하는 성격을 가진다.
- 기업문화는 조직 구성원에게 기업이 목표로 하는 바를 구체적으로 주지시키고 사기를 북돋으며 나아가 충성심을 높여 모든 구성원들이 일체감을 가지고 공동의 목표를 향해 일하게 하는 것이다.

2) 기업전략

① 기업이 보유하는 자원을 그 기업이 현재 보유하고 있는 사업포트폴리오와 그 기업이 앞으로 참여할 사업에 배분하는 것

② 특정기업이 자기가 경쟁에 참여할 사업을 선정하고 선정된 여러 사업에 자기가 보유하는 자원을 배분하는 것

③ 기업의 기본경영목표를 결정하고 이러한 기본목표를 달성하기 위해 인적 · 물적 자원을 확보하고 확보된 자원을 사업부서에 배분하는 것

④ 기업의 해외진출에 관한 의사결정은 중요한 기업전략으로 어떠한 방법으로 해외수요를 충족시킬 것인가는 최고경영자의 의사결정 사항

⑤ 기업의 해외진출은 새로운 조직, 새로운 기술, 새로운 절차를 필요로 하며 경영자의 훈련과 조직구성원의 재교육이 필요한 전사적 과업으로 중요한 기업전략

3) 사업전략

① 기업전략과 사업전략의 비교

- 기업전략 : 그 기업이 참여할 사업의 종류를 선정하고 선정된 여러 사업에 자원을 어떻게 배분할지 결정하는 것
- 사업전략 : 선정된 산업 내에서 어떠한 경쟁무기를 가지고 그

산업 내의 다른 기업과 경쟁할 것인가를 결정하는 산업 내 경쟁전략

② 모든 기업들은 사업전략을 갖고 있으며 기업경영자가 효과적으로 사업전략을 수립하기 위해서는 해당 사업부서가 산업 내에서 어떻게 경쟁할 것이며 부서의 목표는 무엇이며 목표달성을 위해 어떤 직능전략들이 필요한 것인가에 대한 개략적인 공식을 개발

- 사업전략을 수립할 때 고려해야 할 목표
  - 경제적 목표 : 자기자본 이익률, 투자자산 수익률 등
  - 비경제적 목표 : 기술혁신 목표, 학습목표 등

사업전략을 수립할 때 필요한 요소

- 회사 내적인 요소
  - 재무자원, 기술, 상표 등 회사가 보유한 자산과 기술의 상대적 경쟁력
  - 사업전략을 수행할 회사 최고 경영층의 동기와 욕구를 의미하는 최고 경영층의 개인적 가치
- 회사 외적인 요소
  - 자기가 속한 산업이 제공하는 기회 및 위협과 넓은 의미의 사회적 기대

4) 직능전략

사업전략의 성공을 위해 효과적인 직능전략의 수립이 필요

회사의 사업전략이 저비용 전략이라면

- 생산하는 제품라인의 수는 적어야 하며 제조직능도 효율적이어야 함
- 마케팅도 비용절감을 위해 TV 대신 신문이나 전단지를 활용한 광고활동
- 유통경로도 할인점을 이용
- 구매직능은 대량구매를 통해 구매비용 감소
- 재무직능은 외상매입을 통해 재무비용 최소화

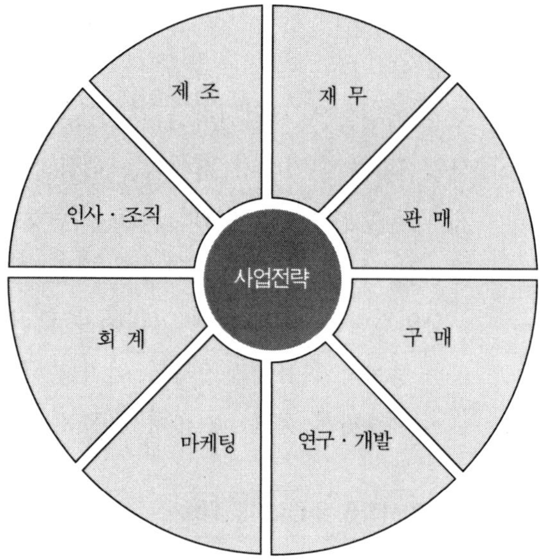

그림 4-3 사업전략의 모형

3 국제경쟁력의 강화방안

① 규모의 경제에 따른 비용우위와 같은 정태적 우위는 낮은 우위
② 신기술이나 새로운 경영방법의 활용을 위한 혁신에 따른 동태적 우위는 항상 움직이는 목표물이 되므로 높은 경쟁우위
③ 한국경제는 요소주도단계와 투자주도단계를 거쳐 혁신주도단계에 진입

(1) 국제경쟁력의 단계

① 1차원의 경쟁력 : 저임금의 활용을 통한 저원가우위
② 2차원의 경쟁력 : 규모의 경제를 통한 저원가우위
③ 3차원의 경쟁력 : 혁신을 통한 저원가와 차별화우위
기술, 경제능력, 마케팅 능력, 직능능력, 디자인 능력 등 지적재산의 확보

④ 4차원의 경쟁력 : 시간과의 경쟁력 "Small is beautiful."

⑤ 5차원의 경쟁력 : 기업가정신(확보하거나 통제할 수 있는 자원의 양과 관계없이 기회를 추구하는 정신)의 발휘를 통한 경쟁우위, 완벽성의 추구

(2) 경쟁력 강화방안

1) 경쟁력 강화를 위해서는

① 지속적인 지적자산의 창출과 축적이 중요

② 기업의 모든 가치사슬에서 혁신을 추진해야 함

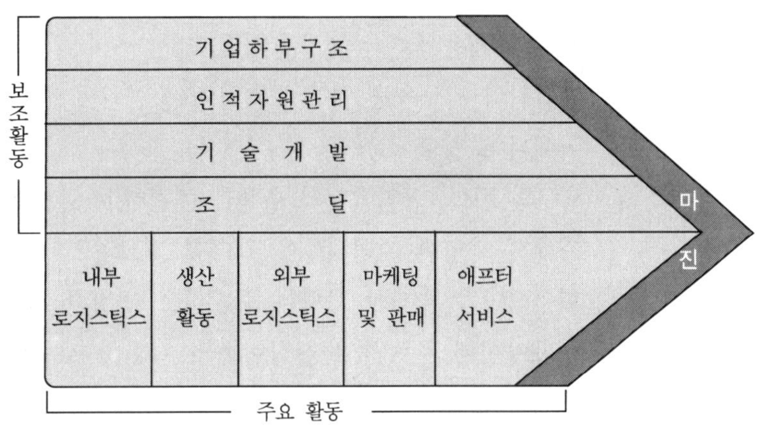

그림 4-4 가치사슬

2) 재산 수탁자의 자세보다는 기업가정신이 필요

① 선별적 요소열위가 혁신의 계기가 되기 때문에 오히려 혁신을 촉진

② 혁신은 창조적인 파괴과정이므로 시련과 도전이 있어야 혁신이 가능

③ 경영자는 시련과 도전을 피해서는 안 되며 오히려 도전을 자극하는 환경을 만들어야 함

④ 가장 까다롭고 세련되고 앞서가는 고객과 유통업자에 판매해야 하며 말 잘 듣고 의존적인 납품업체보다는 세계 제일의 공급업자와 거래가 중요

3) 바람직한 기업문화 정착

① 폐쇄적인 계열화에서 개방적인 계열화로 전환이 요망되며 지나친 수직적 결합은 비효율적

② 분사, 복수사장제, 서비스 기능의 외부화 등 기업규모를 줄이는 방법 모색

③ 표준이나 기준을 월등히 초과하는 수준의 과업이 이루어질 수 있는 기업문화가 정착하도록 노력

4) 능력있는 경영자

① 세계 제일의 경쟁자가 필요하며 경쟁자를 존경하고 연구

② 종업원을 평생 고용한다는 마음가짐이 중요하며 엄격한 기준을 적용하여 채용

③ 종업원의 재교육을 위해 노력하며 종업원의 재배치를 위해 다양한 아이디어 창출

④ 욕구의 변화, 산업발전의 추세를 예견하고 정보를 얻을 수 있는 국가에서 다양한 기업활동을 전개할 필요

⑤ 획기적인 기술개발 보다는 꾸준하고 민첩한 기술개발이 중요

⑥ 인재양성에 주력하고 산학협동의 강화가 요구되며 외부전문가를 적절히 활용할 필요성

4 국제경쟁력 수행의 성공적 전술방법

(1) 국제경쟁력 지향의 경영전략 형태

1) 자원배분 기준의 경영전략 형태

① 자원배분을 기준으로 : 화폐자원의 배분전략, 물적자원의 배분전략, 인적자원의 배분전략

② 제품 대 시장의 결합관계를 기준으로 : 시장침투전략, 시장개발전

략, 제품개발전략, 제품다각화전략

2) 국제경쟁력을 지향하는 경영전략 형태

① 국제경제환경에 신속한 대응이 요청되는 국가에서 기업이 살아남고 성장하기 위해서는 국제환경에 대응하는 경영전략의 장단기적 수립이 필수적

② 표 4-1의 10가지 경영전략은 국가경쟁력 제고를 위해 세계적 수준의 기업으로 성장하기 위해 필요한 전략

표 4-1 국가경쟁력 제고를 위해 필요한 전략

	경영전략 형태	내 용
1	수출지향적 전략	세계화, 국제화를 위한 국가발전 전략
2	성장산업 유관형 전략	지식정보화 시대에 대응한 성장산업, 선택전략
3	기술혁신형 전략	신기술, 첨단기술개발, 사이버 혁신 기술전략
4	자기자본 충실형 전략	타인자본의존율 배제, 자기자본 비율확대 전략
5	고품질 고가격형 생산전략	고품질, 고가격형의 세계 제일의 상품생산전략
6	원가절감형 전략	원자재 절약, 인건비 절약, 원가의 3요소 절감전략 등
7	쇠퇴업종 탈출형 전략	사양산업, 쇠퇴기품목 등 제거와 새로운 성장산업의 선택전략
8	봉사판매형(A/S)	서비스 전략, A/S 전략, 고객가치 만족전략
9	생산성 향상형 경영전략	설비현대화, 기술혁신, 노사협력, 경영합리화 등 4개의 요소를 조화시킨 총생산성 전략
10	인적 자원개발형 전략	인재채용, 인재개발 등 지식경영, 지식정보화시대에 적합한 인간가치 존중의 인적 자원개발전략

(2) 국제경쟁전략을 성공시키는 전술

1) 집중공격전술

경영전략을 한 번에 해결하여 후난의 우를 없애는 전술로서 전략의 요인들을 집중적으로 투입하여 전략목표를 성공적으로 달성시킨다는 방법

2) 지구전술

경영전략의 목표를 성공적으로 달성시키기 위하여 정면으로 싸우지 않고 시일을 연장시켜 상대의 적을 지치도록 하는 전술로서 급격한 변화를 피하고 점진적인 변화를 택하는 방법

3) 각개격파전술

경영전략의 목표를 부분을 통하여 전체를 장악하는 전술로서 경영전략 요소들을 하나씩 격파하여 전체의 목표를 달성하는 방법

4) 내부공작전술

상대방의 경영전략을 파악하여 이를 분쇄하기 위해 상대방의 진영 내에 자기회사의 동조자를 마련하여 내부공작으로 상대편을 타도하는 전술방법

5) 실적쟁취전술

실적전략의 목표를 성공적으로 달성시키는 방법으로 전술계획 실시 시초에 신속하고 급속하게 실적을 올려두어 시장점유율을 쟁취하는 전술

(3) 국제경쟁전략을 성공시키는 행동전술

1) 공동보조전술

동종업종 및 동일업무의 집중형태전술로서 일종의 카르텔 같은 조직을 통해 공동의 변화를 일으키는 전술

2) 인재활용능력전술

경영전략에 소극적인 인사진이나 관리자들을 경영전략에 참가시켜 그들을 적극적인 협력자로 만들어 공동의 목표를 행하여 전진시켜 성공시키는 전술

3) 호예주의 전술

경쟁관계에 있는 회사와의 필요한 협력체제로 서로의 이익을 갖도

록 하면서 호혜적 방법을 강구하고 경영전략 목표달성을 성공시키는 전술

(4) 국제경영전략을 성공시키는 방위전술

1) 신념관철전술

경영자의 가치관과 경영이념이 확고하여 경영목표달성에 성공하는 전술

2) 화제전환전술

시장창출과 고객창출의 시작은 커뮤니케이션을 통한 화제전환전술이 기초가 되어 경영전략을 성공시키는 전술

3) 보복전략전술

상대편의 공격에 대해 자기편에서도 이를 역습보복하려는 전술로서 공정하지 못한 전술방법

4) 분할통치전술

시장점유율이 소비자나 고객 등에 의해 결정되기 때문에 큰 고객확보를 위한 유리한 전략을 병행시키는 방법

(5) 국제경쟁전략을 성공시키는 타이밍 전술

1) 적기전술

경영전략의 목적달성을 위해서 정세가 유리한 때를 놓치지 말고 신속한 조치를 취해야 한다는 전술

2) 정세판단전술

정세를 올바르게 판단하여 호기가 올 때 대응하는 전술

3) 냉각기간전술

냉각기간을 두면 문제해결이 용이하거나 문제를 자연히 해결되기도 하는 전술

(6) 국제경영전략을 성공시키는 교섭전술

1) 교섭전술

상대편의 지략과 전술을 검토 분석하면서 공동의 이익을 통해 자기 쪽으로 유리하도록 하는 전술

2) 자료제시전술

자기가 보유하고 있는 숨겨진 중요한 카드 등의 자료를 상대편에게 보여 납득시키는 전술

3) 허점기습전술

상대편이 예상하지 못한 행동으로 갑자기 습격하여 상대편의 허를 쳐서 교섭을 유리하게 전개하는 전술

제 5 장

국제사업전략

1. 사업전략의 정의
2. 국제시장과 경쟁전략
3. 전략군
4. 전략군의 분류
5. 국제시장 내의 전략군 이동

1 사업전략의 정의

① 고객의 수요를 충족시키기 위해 기업의 각 부서가 수행할 영업활동의 범위를 결정하고 특정한 사업부서의 목표와 목표를 달성하기 위한 행동계획을 수립하는 것

② 특정한 제품시장이나 산업 내에서 그 기업이 어떠한 방법으로 타사와 결정할 것인가를 결정하는 것

③ 다른 경쟁기업들의 사업전략 등 환경적 제약요인들을 고려하여 매출액 규모, 광고비 지출, 신기술 개발투자 등 여러 가지 경쟁수단에 어떻게 적절히 자원을 배분할 것인가를 결정하는 것

④ 기업전략과 사업전략의 차이

- 기업전략 : 기업이 참여할 사업의 종류를 결정하고 선정된 여러 가지 사업에 자원을 어떻게 배분할 것인가를 결정하는 것
- 사업전략 : 선정된 산업 내에서 어떠한 경쟁무기를 가지고 그 산업 내의 다른 기업들과 경쟁할 것인가를 결정하고, 여러 종류의 경쟁무기를 어느 정도로 이용하면 최대의 영업성과를 올릴 수 있을 것인가를 결정하는 것

2 국제시장과 경쟁전략

(1) 사업전략의 유효성에 대한 세 가지 연구

① 기업이 특정한 산업 내의 경쟁에서 성공하려면 기업의 경쟁력에 영향을 미치는 산업에서 공통적으로 중요한 몇 가지 전략변수에 초점을 맞추어서 관리해야

예 제약산업에서 성공하려면 산업 내의 다른 기업들보다 광고를 많이 하고 연구개발(R & D) 투자를 많이 해야 함

② 산업 내의 경쟁에서 성공하는 데는 정도가 없으며 각 기업은 제각기 독특한 방법으로 경쟁우위를 개발해야 함

예 삼성은 삼성식으로, LG는 LG식으로 경쟁해야 성공가능

③ 특정한 산업에서 경쟁하는 기업들은 모든 면에서 각기 독특한 전략을 사용하는 것도 아니며 그 산업에 공통적으로 유효한 전략변수가 있는 것이 아니다

(2) 위의 세 번째 주장의 내용

① 산업 내에는 상호보완적인 전략요소들이 통합적으로 구성되어 있는 각기 다른 전략 원형들을 사용하는 전략군 형성

② 이 전략군들은 산업의 진입장벽을 공유하는 것이 아니라 각기 다른 이동장벽을 구축

③ 이동장벽이란 특정한 산업에의 진입을 어렵게 하는 진입장벽과 달리 산업 내에 존재하며 세부 시장 사이의 이동을 저해하는 장벽

예 자동차산업에서의 사례

- 현대차는 국제자동차시장에서 소형 저가차 중심으로 경쟁
- 벤츠는 고급차 중심으로 경쟁하기 때문에 현대와 벤츠는 직접적인 경쟁관계라 보기 어려움
- 현대차가 경쟁하는 시장과 벤츠가 경쟁하는 시장에는 뚜렷한 이동장벽이 존재

3 전략군

(1) 전략군 이론

① 산업 내에서 경쟁하는 기업들은 모두 공통된 전략을 사용하는 것이 아니며 제각기 독특한 전략을 사용하는 것도 아니다.
② 일부 회사들의 전략 사이에는 유사한 면이 있으며 동질적인 또는 비슷한 전략을 사용하는 기업집단을 전략군이라 부른다.
③ 전략군들은 상호보완적인 전략요소들로 구성되어 있는 통합된 각기 다른 전략 원형들을 사용한다.
④ 한 산업 내에는 여러 가지 다른 전략을 사용하는 기업군들이 존재하며 이들은 산업의 진입장벽을 공유하는 것이 아니라 산업 내에 각기 다른 이동장벽을 구축한다.

(2) 전략군 발달과정

① 한 나라의 경제가 처음 경제개발에 착수하면 국제시장에서 효과적으로 경쟁하는 방법은 품질이 나쁜 제품을 남보다 값싸게 판매하는 방법을 선택
② 한 나라의 경제가 발전하면 여전히 가격중심으로 경쟁하는 기업군이 있는가 하면 개선된 생산과 마케팅 기법을 활용하여 차별화를 추구하는 기업들이 출현
③ 최근 전략군의 존재가 주장되고 있는 것은 이러한 기업의 발전을 반영하고 있는 것

(3) 다양한 전략군

① 시장에서 경쟁자와 대비하여 어떤 기능의 제품을 어떤 보조 서비스와 함께 어떤 가격으로 공급하느냐에 따라 분류

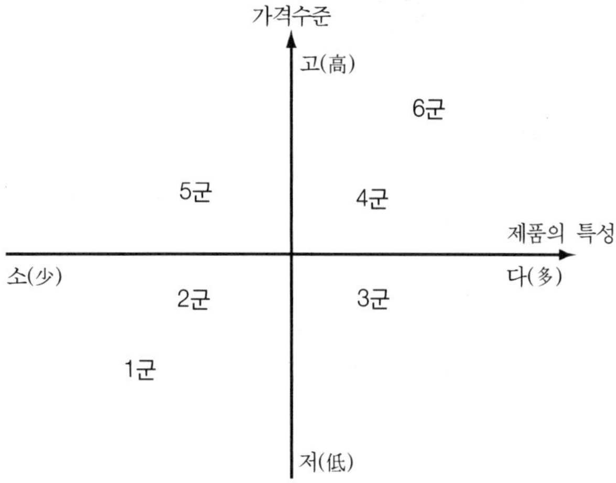

그림 5-1 국제시장의 종류

② 여기서 제품의 기능은 제품의 성능과 품질 등을 가리키며, 보조 서비스는 제품의 이미지, 배달, A/S, 구입의 편리성 등 주로 마케팅 측면을 의미

③ 그림 5-1은 성능과 품질, 마케팅 측면 등을 제품의 특성으로 수평축에 놓고 제품의 가격을 수직축에 놓아 국제시장에서 경쟁하는 기업들을 6개 전략군으로 분류

④ 6개의 전략군을 각기 별도의 세부 시장에 포진하고 있음을 시각적으로 나타냄

⑤ 수평축과 수직축은 세부 시장들이 이동장벽에 의해 효과적으로 분리되어 있어 각 전략군은 다른 전략군들과 직접적인 경쟁관계에 있지 않음을 보여줌

4 전략군의 분류

(1) 제 1 군

1) 특 징

① 세계에서 가장 특징이 없는 제품을 가장 싼 가격으로 세계시장에 공급하는 기업들로 구성

예 우리나라 섬유제품의 경우 1960~1970년대 국제섬유시장에서 가장 낮은 가격에 판매, 미국 내 시장에서 가장 싼 물건이 전시된 것에서 판매

② 대외 지향적인 경제개발에 착수하여 국제시장에 새로운 수출국으로 부상하고 있는 국가의 기업들로 구성

③ 국제시장에서 가격경쟁력이 있으며 주로 자국의 저임금, 과소평가된 자국통화의 가치, 자국정부의 보조금 등에 기초

④ 제1군 기업들이 경쟁하는 시장은 주로 국가의 비교우위가 중요한 시장

예 저임금

경쟁우위에 기초한 국제경쟁력

- 임금수준이 낮거나 통화가치가 저평가되거나 정부의 수출지원제도가 다른 나라 제도보다 유리한 비교우위에 반해
- 한 기업이 전략적 선택을 통해 경영자원을 투입하여 개발해 내는 경쟁력
- 일본의 소니(Sony)사는 저임금이 아니라 제품혁신을 통한 국제경쟁력 확보라는 전략적 목표를 정하고 연구개발에 기업자원을 집중적으로 투입하여 스스로 개발한 경쟁우위

2) 현 황

① 최근 경쟁이 치열해지고 있는 시장인데 그 이유는 최근 새로이 과감한 대외개방을 통해 경제성장에 성공하고 있는 국가들의 수가

늘어나고 있기 때문

② 이미 경쟁하고 있던 한국, 대만, 홍콩, 싱가포르 등 기존 신흥공업국들 이외에 태국, 말레이시아, 인도네시아, 중국 등 뉴 신흥공업국들이 새로이 부상

③ 국제섬유시장에는 인도와 파키스탄 기업들도 참여

④ 최근에는 멕시코와 칠레, 아르헨티나 등 중남미 국가들의 진입으로 경쟁이 더욱 가열

(2) 제 2 군

1) 특 징

① 평균 이하의 특징을 가진 제품이 평균 미만의 가격으로 팔리는 시장에서 경쟁하는 기업들로 구성

② 국제경쟁력의 원천이 저임금, 통화가치 저평가, 정부의 수출지원제도 등 단순 비교우위가 아닌 규모의 경제

③ 제2군 기업들도 가격경쟁력을 중시하지만 과학적 관리에 기초한 규모의 경제라는 점이 제1군과 비교

④ 규모의 경제를 이용하기 위해 대량생산하는 표준화된 제품들은 특징이 없기 때문에 제품들의 가격도 평균 미만

⑤ 이들 기업들이 경쟁하는 대량생산과 대량판매 시장은 미국기업들이 최초로 개발

2) 사례 : 과학적 관리 – 대량생산

① 미국의 포드사는 당시 주문생산 형태의 자동차산업에 표준품의 대량생산이라는 새로운 아이디어 도입

② 포드자동차의 대량생산으로 자동차 생산비용이 큰 폭 인하 가능

③ 테일러는 과학적 관리를 주장하고 근로자에게 생각을 멈추고 경영자가 정해준 작업을 전문가들이 처방해준 방법에 따라 수행할 것을 요구

④ 과학적 관리로 인해 세계2차 대전 전후 미국기업의 생산성은 비약

적으로 증가했으며 생산성 증가로 미국의 국제경쟁력은 세계 제일의 국가로 가능

⑤ 지난 1940~1960년대에는 세계가 가난하여 소비자는 물건이 중요하였지 그 물건의 창작성과 개성에는 관심이 없었다.

⑥ 하지만 오늘날은 상품의 종류가 엄청 늘어났고 국제무역의 자유화로 부가 축적된 소비자는 세계 여러 곳의 상품들을 쉽게 구입 가능

⑦ 1990년대 미국은 세계기업경영의 여건이 변했음에도 불구하고 많은 기업들이 여전히 과거의 과학적 관리를 고집하여 국제경쟁에서 고전

(3) 제 3 군

1) 특 징

① 제2군 : 과학적 관리와 소품종 다량생산에 따른 규모의 경제를 중시
제3군 : 다품종 소량생산과 범위의 경제를 중시하는 기업들로 구성

② 범위의 경제를 통해 비용절감이 가능하여 평균 이상의 특징을 가진 제품들을 평균 미만의 가격으로 시장에 공급

③ 시장세분화를 통해 범위의 경제를 중시하기 때문에 혁신을 중요시

④ 기업은 고객이 원하는 제품을 적정 가격으로 경쟁자보다 빨리 시장에 공급한다면 경쟁에서 승리하고 이 기업은 혁신성이 뛰어난 기업

2) 범위의 경제

① 여러 가지 제품을 여러 개의 기업이 각각 생산 · 판매할 때보다 한 기업이 생산 · 판매하면 비용이 감소하는 현상

② TV와 VCR을 두 회사가 각각 생산 · 판매하면 사장 월급과 대리점이 각각 운영되어 비용이 많이 지불

③ 반면 한 회사 두 제품을 같이 생산 · 판매하면 사장 월급과 대리점 비용이 절감

④ 다품종 소량생산을 전제로 하기 때문에 정보화 사회에서 경쟁에 보

다 적합한 개념으로 시장세분화에 뛰어난 기업들이 포함
⑤ 시장을 세분화하면 범위의 경제를 이용하여 규모의 경제와 경험효과에서 오는 불이익이 사라짐

(4) 제 4 군

1) 특 징

① 평균 이상의 특징을 가진 제품들을 평균 이상의 가격으로 공급하는 기업들로 구성
② 산업 내 경쟁에서 성공하려면 자사의 생산 · 판매하는 제품의 특성이 다른 기업들이 생산 · 판매하는 제품에 비해 독특하다는 느낌을 고객에게 주어야 가능
③ 고객이 중요시하는 제품의 속성을 정확히 파악하고 고객의 수요를 충족시킬 수 있는 전략이 성공하면 기업은 이러한 독특성 때문에 산업의 평균 이상으로 판매 가능
④ 차별화 전략을 추구하는 기업은 차별화에 따른 비용보다 큰 가격의 프리미엄을 얻을 수 있는 차별화 방법을 찾아야 함
⑤ 차별화 방법은 제품의 품질과 유통구조, 마케팅할 방법 등 여러 가지 요인
⑥ 상표의 명성과 디자인의 독창성, 유통경로에 직접적인 개입 등 마케팅 차별화를 강조

2) 사례 : 일본 소니사, 나이키, 아디다스, 리복 등

① 소니사는 1950년대 중반 소니 고유상표로 미국에 수출하고 싸구려 세일품목이 되는 것을 방지하기 위해 유통경로에 직접 개입
② 소니사 TV는 국내 삼성과 LG에 비해 품질상 차이는 없으나 200불 이상 고가에 판매
③ 가격 차이는 유통경로의 직접개입, 디자인의 독창성, 상표에 의한 차별화 등에 의해 설명이 가능
④ 우리나라는 리복, 나이키 등 세계 최고의 운동화를 국제시장에 공

급하지만 세계적인 상표가 매우 드물어 국제시장에서 제값을 받지 못함

⑤ 상표의 인식도가 낮다는 것은 고객으로부터 품질, 성능, 신뢰성을 인정받지 못해 제품의 특생이 있다고 해도 높은 가격을 받지 못함

(5) 제 5 군

1) 특 징

① 평균 미만의 특징을 가진 제품을 평균 이상의 가격으로 국제시장에 공급하는 기업들로 구성

② 이 기업군은 실제로 존재하지만 오래 지속될 가능성은 희박함

③ 이유는 이 기업군이 공급하는 제품의 품질이나 기능 등에 대해 경쟁기업들은 자사 제품이 더 우수하다는 것을 광고 등을 통해 소비자에게 홍보

국제시장에서 경쟁력을 갖는데 필요한 기본적인 조건

- 기업이 생산 판매하는 제품이나 서비스가 고객이 지불하는 가격보다 커야
- 기업이 생산 판매하는 제품이나 서비스 가격은 투입된 비용보다 커야

2) 우리나라의 경우

① 위와 반대 경우로 평균 이상의 특징을 가진 제품을 공급하는 기업이 소비자에게 홍보 실패로 고객이 평균 이하의 가격만 지불하는 경우

② 대부분 잘못된 전략적 선택이나 경쟁환경의 악화로 자기도 인식하지 못하는 사이에 제5군 기업으로 전락

③ 1980년대 말 격변기 이후 임금상승과 노사분규 등으로 제품의 생산 판매비는 급상승하였으나 경쟁국인 중국, 태국, 말레이시아 등 후발개도국의 추격으로 가격인상이 어려움

④ 많은 기업들이 적자로 도산하거나 서둘러 해외직접투자에 나서거나 생산지를 저임국(임금이 싼 나라)으로 이전

⑤ 부득이 가격인상의 경우 노사분규에 따른 품질하락으로 가격인상 이전의 수준도 유지하지 못하여 급속히 국제경쟁력 상실

⑥ 국제수지 적자 및 국민소득 증가율 감소로 기업의 도산이 증가하고 실업률이 증가하면서 1990년대 말 경제위기 도래

(6) 제 6 군

1) 특 징

① 세계 최고의 특징을 가진 제품을 세계 최고의 가격으로 판매하는 기업들로 구성

② 이 기업군들이 공급하는 제품의 품질과 서비스는 세계 제일

③ 많은 기업들이 유럽에 있으며 품질과 서비스도 중요하지만 오랜 기간 명성을 쌓아야 가능

2) 사 례

① 오랜 기간 제품의 품질 면에서 세계의 부유한 고객들의 수요를 충족시키고 서비스 제공에 노력

예 시계의 로렉스, 자동차의 벤츠와 BMW, 향수의 사넬 등

② 최근 유럽과 미국 기업들에 맞서 일본 기업들이 제6군에 진출 시도

예 도요다 자동차

5 국제시장 내의 전략군 이동

(1) 국제사업전략의 동태성

① 국제시장에서 경쟁하는 국제기업들은 6가지 시장에서 경쟁하는 6개의 전략군으로 분류

② 어느 시점을 기준으로 보면 기업은 6개의 전략군 중 어느 하나에 속함

③ 기업의 전략은 시간이 지나 경영자원이 축적되고 환경이 변화면 변경

④ 경영자원이나 환경이 변하지 않아도 기업은 전략적 선택을 통해 기존의 전략을 변경

(2) 전략군 이동을 통한 우량기업 진입

① 최근 어려운 환경 속에서 세계 우량기업에 진입하겠다는 목표로 일하는 기업들이 증가

예 Global Five, Global Ten 등

② 기업의 경영에 있어 항상 목표를 올려 잡고 그것을 초월하기 위해 노력하는 것이 우량기업이 되는 지름길

예 세계 제일의 기업이나 또는 중국기업을 경쟁상대로 정하는 경우

③ 세계 최우량 기업이 되는 목표를 달성하기 위해서는 일정한 단계를 밟아 체계적으로 접근해야 하며 그렇지 않을 경우 올려 잡은 목표가 하나의 허황된 꿈으로 끝남

④ 최근 한국기업들이 선진국 기업들과 경쟁하기 위해서는 한국 상품의 상표지명도를 높이는 것

- 한국 상품이 고유상표로 수출하면 국제시장에서 제값을 받을 수 있고 외국 바이어에게 매달리는 형태의 수출에서 벗어나야 함
- 한국 상품이 국제시장에서 제대로 대우를 받지 못하는 이유는 국

제적인 지명도가 낮거나 한국 상표의 신뢰도와 정확도가 수준 미달이기 때문

⑤ 세계 최우량 기업을 목표로 하면 제6군에 진입

- 세계 최고 품질의 제품을 세계 최고의 가격으로 시장에 공급하는 기업들
- 제품의 품질과 신뢰도, 정확도, 정교한 디자인, 유통경로, 서비스망 등이 우수하고 고객에게 최고의 만족을 주는 기업

⑥ 전략군의 이동으로 성공한 기업의 사례 : 혼다 자동차

- 혼다 오토바이로 제1, 2군에 진입
- 혼다 시빅이라는 소형차로 제3군에 진입
- 혼다 어코드로 제4군에 진입
- 혼다 어큐라로 제6군에 진입

⑦ 우리나라 기업들의 경우

- 제1, 2군 시장에서 제3군으로 이동하기 위해 노력
- 그러나 제품생산, 판매비용의 상승, 제품의 불량 등으로 제5군으로 밀려 올라가는 경향

(3) 국제사업전략의 성공과 실패

① 대부분 기업들은 처음 제1군에서 출발하여 비교우위를 이용한 경쟁을 하다가 나라의 경제가 고도화되고 기업의 경쟁능력이 개선되면 다음 단계의 전략군으로 진입

② 기업이 제3군과 제4군에 진출하기 위해서

- 제조와 엔지니어링기법을 혁신하고 상표와 디자인을 개발하고 확립해야 함
- 이를 위해 조사개발비와 제조비용이 상승하고 판매비와 일반관리비의 상승이 나타남
- 이때 자사제품의 가격수준이 비용상승을 따라가지 못하면 전략군 이동에 실패

③ 실패 과정 분석 : 악순환 발생

제품개발에 투입된 연구개발비, 판매비, 일반관리비는 높은데 제품의 가격이 낮으면 이익감소

- 신제품을 개발하기 위한 연구활동과 현대식 공장건설, 시장개척활동, 종업원 훈련, 동기부여에 대한 투자가 감소
- 기업의 제품과 기술은 경쟁기업에 비해 낙후되고 공장은 노후화
- 자사제품의 시장입지는 약화되고 종업원의 사기는 저하
- 국제시장에서 경쟁력이 저하된 기업은 판매량과 공장가동률을 유지하고 시장지분을 방어하기 위해 가격인하를 단행
- 이윤이 더욱 줄어들며 이윤감소는 악순환의 반복으로 나타남

제 6 장

국제진출전략

1 국제진출 유형

2 국제진출에 영향을 미치는 요인

1 국제진출 유형

기업이 성장과 이익을 증대시키기 위해 해외로 진출하기 위해 활용할 수 있는 전략적 대안에는 여러 가지가 있다. 국제시장의 기회를 활용하기 위해 기업의 해외진출 방안에 무엇이 있는지 살펴보자.

(1) 수출 및 수출방법

• 카운터 무역(countertrade)
  –물물교환(barter)
  –대응구매(counterpurchase)
  –제품공유(product sharing)
  –되사기(buyback)
  –교환(switch)
  –산업의 보상(industrial offset)

① 국내에서 제품을 생산하고 해외에 판매하는 수출방법
② 제조업체가 처음 해외시장에 진출할 때 가장 많이 사용하는 방법
③ 해외시장에 진출하기 위해 활용할 수 있는 가장 오래되고 기본적인 전략적 대안
④ 기업이 수출하는 이유
  • 국내수요의 한계로 과잉생산품을 수출을 통해 판매
  • 유휴생산시설이 있는 경우 완전 가동하여 간접비 흡수 등 원가절감 가능
  • 시장규모나 경쟁조건면에서 국내보다 해외시장이 더 유리한 경우
⑤ 간접수출방법과 직접수출방법으로 구분
  • 기업목표, 수출의 중요성, 기업규모, 제품의 특성, 목표시장의 규모 및 제반환경 등을 종합적으로 고려하여 결정

1) 간접수출

① 수출과 관련된 주요 기능을 스스로 수행하지 않고 수출업자, 수출대리점, 수출조합 등을 통해 수출하는 가장 간편하고 소극적인 방법

② 장점은 인적, 물적 자원을 직접 투입하지 않고 제품 수출이 가능 단점은 수출활동을 직접 통제할 수 없어 창의적이고 능동적인 수출활동 제한

③ 처음 수출하기 때문에 수출에 대한 전문지식이나 경험이 부족한 경우

④ 수출기업의 규모가 작거나 총 판매액에서 수출액의 비중이 작은 경우

⑤ 시장규모가 크지 않은 나라에 수출하는 경우

2) 직접수출

① 해외시장조사와 해외고객과의 접촉, 수출가격의 책정, 유통경로의 선정 등 국제 마케팅 기능과 수출 관련 서류작성까지 주요 업무를 스스로 수행하는 방법

② 수출을 전담하는 인원이나 부서가 필요하여 수출 관련 비용이나 자금부담이 증가

③ 수출액이나 수출에 따른 이익이 증가할 수 있는 가능성이 커짐

④ 수출을 위한 기업 내 조직체계와 해외시장에 있는 현지 수입상 및 판매업자의 활용에 따라 다양한 방법

⑤ 수출액 크기, 수출의 상대적 중요성, 수출업무의 복잡성에 따라 전담직원, 수출과 수출부, 수출본부, 수출전담기업, 해외 현지지사 등 설립

⑥ 기업이 얼마나 많은 인원과 자금을 투입하여 수출활동을 전개하는 것이 가장 효율적인지 결정해야 함

(2) 해외직접투자

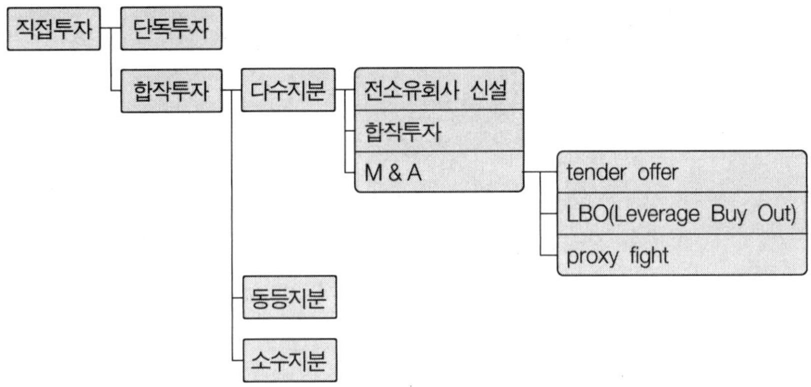

직접투자방법은 제품의 해외생산과 해외판매이다.

① 수출은 국내에서 제품을 생산하고 해외에 판매하는 방법

② 수출이 불가능하거나 경영 측면에서 바람직하지 못한 상황이 발생하는 경우

- 특정제품에 대해 수입금지 또는 관세가 아주 높아 현지 제품과 가격경쟁이 불리한 경우
- 이 경우 현지에서 직접 생산하여 현지에서 판매하는 해외시장 진출전략이 필요
- 이 때 관세 등 높은 무역장벽이 외부로부터 경쟁을 제한시켜 오히려 바람직

③ 장 점

- 관세의 절감과 무역장벽을 극복하고 생산관리비 절감
- 부피와 무게가 많이 나가는 제품의 경우 현지생산으로 수출비용과 저장비용 절약
- 공장부지와 건설비를 줄일 수 있으며 현지기업으로 인식될 수 있어 현지인에 대한 저항감 감소
- 법적으로 현지기업이므로 정부기관 등에 납품이 가능하며 정부가 부여하는 여러 가지 금융 및 세제상 혜택을 활용

④ 단 점

- 해외에서 제품생산으로 제조활동이 분산되어 수행
- 해외시장진출로 많은 자본과 인력이 투입되어 기업의 위험부담이 증가
- 정치적으로 불안정한 나라의 경우 국유화 등 정치적 위험에 노출
- 언어와 관습의 차이 등으로 경영관리가 복잡해짐

⑤ 직접투자에 의한 해외생산방법

- 부품 · 원료는 국내에서 생산하고 해외에서 가공 · 조립 · 배합하는 경우
  - –자동차와 농기계 등의 경우 운송비 절감을 위해
  - –완성품에 비해 관세율이 낮기 때문에
  - –제약산업의 경우 관세율을 낮추기 위해
- 부품 · 원료의 생산에서 가공 · 조립 · 배합까지 해외에서 하는 경우
  - –현지 생산활동에 대한 경험과 지식을 축적한 후 위험부담을 감소하기 위해

⑥ 현지인 또는 제삼국과의 합작여하에 따라 합작투자와 단독투자로 구분

(3) 계약형태의 진출

1) 라이선싱(Lcensing)

① 특정기업이 소유하고 있는 라이선스(License)를 타기업이 특정 지역 내에서 활용할 수 있도록 필요한 기술지원 및 정보를 제공

- 라이선스의 종류는 특허권, 상표권, 제작권 등 산업소유권 또는 제품이나 공정에 대한 노하우 등
- 이와 관련된 여러 가지 권리를 부여하는 대신 로얄티 등 각종 대가를 지불받기로 약정
- 권리를 제공하는 기업은 라이선서(Licensor), 제공받는 기업은 라이선시(Licensee)

② 장 점

- 별도의 투자 없이 제품의 판매액이나 생산액, 이익의 일정비율을 로얄티로 받음
- 계약에 의해 제품생산에 필요한 원료, 중간재, 기계, 장비 등을 수출할 수 있는 권리
- 직접투자에 비해 해외시장에 빨리 진출할 수 있으며
- 현지에서 직접 마케팅 활동을 하지 않고 자사제품의 시장잠재성과 시장정보 파악에 용이
- 외국기업에게 라이선싱하는 것이 현지에서 라이선스의 산업소유권을 보호할 수 있는 가장 효과적일 수도 있음

③ 단 점

- 제한적인 해외시장 진출방법으로 해외에서의 제조활동과 마케팅 활동 등을 직접 수행할 경우 생기는 모든 이익을 포기
- 해외 라이선싱을 통해 스스로 경쟁자를 육성하는 결과를 초래할 수도 있으며
- 라이선시의 활동이 불만족한 경우 이를 통제하거나 계약기간 중 교체에 어려움이 있음

④ 라이선싱의 활용 가능성

- 시장규모가 작은 나라이거나 해외직접투자를 할 수 있는 여력이 부족한 소규모기업의 경우 많이 활용할 수 있는 해외시장 진출 방법
- 나라에 따라 직접투자는 제한을 하지만 라이선싱의 경우 제한이 없거나 정도가 약한 경우

2) 프랜차이징(Franchising)

① 라이선싱의 한 형태로 상품과 서비스의 유통을 위한 방법

② 프랜차이저 본부가 프랜차이지에게 사업을 할 수 있는 권리 등 경영 측면의 도움을 주고 대신 프랜차이지로부터 대가를 받는 지속적인 관계

③ 지난 20~30년 동안 미국경제에서 가장 성공한 사업

④ 미국 상무성은 프랜차이징을 미래의 물결로 규정하고 발전을 위해 모든 노력을 지원

프랜차이징에 대한 상식

- Franchising의 어원은 프랑스 고대 말 중에 privilege 또는 FREEDOM에서 유래
- 프랜차이징은 봉건시대부터 시작되어 중세유럽에서는 왕을 대신해 지방의 영주들이 세금을 거두어 왕에게 바쳤는데 그 세금이 지금의 로열티
- 프랜차이징은 여러 유통방법 중 하나로 맥주를 유통하는 것으로부터 시작
  - 1840년 독일 어느 맥주양조장에서는 일정한 술집에만 그들의 맥주를 유통하기 시작
  - 그 술집들이 동일한 간판은 아니지만 동일한 맥주를 동일한 상품으로 일정한 술집들에게 독점적으로 판매할 수 있는 권리 부여
- 보다 많은 고객과 보다 많은 상품과 서비스, 보다 높은 가격에, 보다 많이 팔기 위해 브랜드를 알리기 위해서는 프랜차이징이 가장 좋은 방법
- 햄버거를 파는 것보다는 햄버거 가게를 파는 것이 더 유용

3) Turn-key 계약

① 시공자가 공장이나 시설물에 관한 공사를 일괄 수주 받아 가공준비가 완료된 시점에서 발주자에게 공장이나 시설물을 인도하기로 약정하는 계약

② 산업기계, 건설, 엔지니어링 회사 등이 Turn-key 계약의 시공자가 되는 경우가 많음

③ 일반적으로 Turn-key 계약에 대한 공사대금은 공사 진척도에 따라 단계적으로 지불

④ 플랜트 수출이나 해외 건설공사 등에서 수주방식 중 하나

⑤ 키만 돌리면 설비나 공장을 가동시킬 수 있는 상태로 인도한다는 데서 유래

⑥ 일괄수주계약이라 하며 시공자가 조사, 설계에서부터 기기조달, 건설, 시운전 등 전 과정 담당

⑦ 인력이 부족한 중동국가들로부터 플랜트 상담이 대부분 Turn-Key 방식으로 수행

4) 경영계약(management contract)

① 기업은 일정기간 대가를 받고 외국기업의 경영을 도와주거나 이를 대신해 주는 경영계약을 통해 해외시장에 진출

② 경영계약을 통해 기업이 수출하는 것은 경영 서비스라는 용역이지만

③ 외국기업의 경영에 직간접으로 참여하여 원료, 중간재, 부분품, 기계, 장비 등을 부수적으로 수출할 수 있는 기회가 많아짐

④ 어느 기업이 자국에서 최초로 새로운 업종에 진출하는 경우 국내에서 경험있는 경영자를 찾을 수 없으므로 이 경우 경영계약을 통해 해외진출이 가능

⑤ 호텔과 같은 특수 서비스업종의 경우 전 세계적인 서비스망을 구축해야 경쟁상 유리하므로 경영계약이 많이 활용

5) 계약생산(contract manufacturing)

① 기업은 해외기업과 계약생산을 통해 해외시장으로 진출가능

② 진출방법은 진출대상국에 있는 기존의 업체에게 계약조건에 따라 제품을 대신 생산하게 하고 현지에서 마케팅 활동은 직접 수행하는 방법

③ 장점 : 해외기업이 생산한 제품을 해외시장에서 마케팅하는 것으로 시설투자 없이 해외직접투자가 가능

④ 단점 : 계약생산으로 제조활동에 따른 이익이 현지기업에 돌아가므로 그만큼 이익이 감소

⑤ 이 방법은 해외시장에 진출하려는 기업의 비교우위가 제품의 생산보다는 마케팅 측면에 있는 경우 더욱 활용가치가 높은 전략

6) 국제 콘소시움(international consortium)

① 원래 콘소시움은 위험을 분산하기 위해 여러 나라가 국제 채무단을

구성하여 공동으로 차관을 공여하기 위한 협력과 결합을 의미
② 최근에는 대규모 해외공사를 수주 완성하기 위해 자금, 기술, 경영 면에서 협력하고 결합하는 뜻으로 사용
③ 콘소시움은 특정 프로젝트 완성과 더불어 해산하는 것이 일반적이며 참여 기업수는 합작기업의 수보다 많은 것이 일반적

2 국제진출에 영향을 미치는 요인

(1) 시장 글로벌 요인

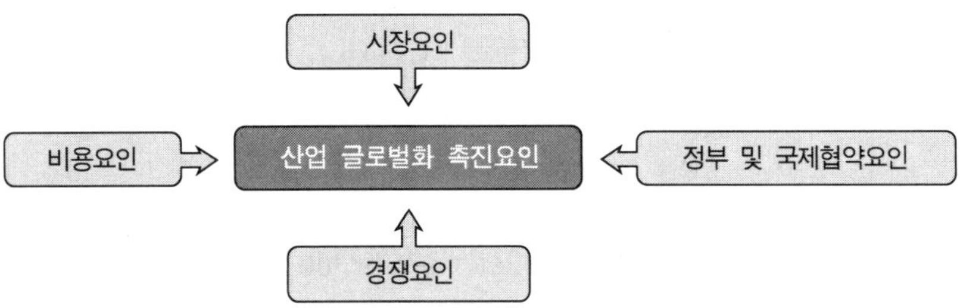

1) 시장요인

① 국가 사이에 GNP 차이 감소
② 생활패턴과 소비자 기호의 국가 간 수렴
③ 국제여행 증가로 글로벌 소비자 증가
④ 글로벌 소비자로 행동하기 시작하는 단체들이 등장
⑤ 글로벌 또는 지역별 유통망이 증가
⑥ 글로벌 브랜드
⑦ 글로벌 광고개발

2) 비용요인

① 시설투자 증가
② R & D 증가

③ 운송수단 발달
④ 생산능력과 저임금을 보유한 NIC 출현
⑤ 수명주기 짧아짐(개발비용 부담)
⑥ 정보와 통신
⑦ 금융시장의 글로벌화
⑧ 국제여행 관련 서비스, 특히 항공료 감소

3) 정부 및 국제협력 요인

① 관세의 인하
② 비관세장벽 요인의 감소
③ Block화(EU, NAFTA 등)
④ 정부의 생산자역할 감소와 소비자역할 감소(민영화)
⑤ 사회주의 국가의 시장경제화(중국, 소련, 동구 등)
⑥ WTO, IMF
⑦ 표준의 국제화(정부의 노력)

4) 경쟁요인

① 글로벌 경쟁자 등장
② 전략적 제휴
③ 국제진출 국가 및 기업수의 증가

(2) 국제진출형태에 영향을 미치는 요인

① 기업특유의 이점(노하우), 장소특유의 이점(환경변수), 내부화 이점(노하우의 암묵적 성격)이 수익률, 위험, 통제, 자원 등에 영향을 미쳐 해외진출형태를 결정
② 또한 세 가지 이점 이외에 기업의 전략적 선택이 진출형태의 결정에 영향을 미치는 것으로 조사

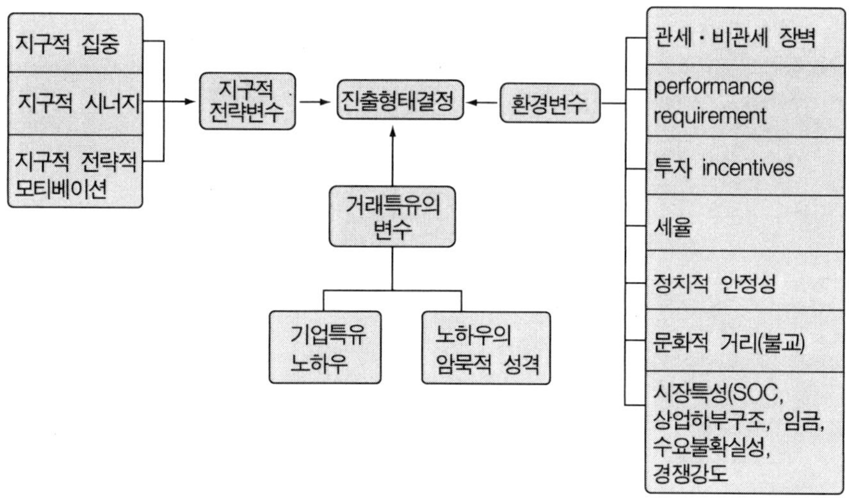

그림 6-1 기업의 해외진출에 영향을 미치는 요소

1) 기업특유의 노하우

① 기업이 해외시장에 진출하여 현지기업과 경쟁하기 위해서는 해외시장에 지불해야 하는 외국비용을 공제하고 이익을 남길 수 있는 독점적 자산을 보유해야 유리

② 독점적 자산은 차별화된 제품을 개발할 수 있는 기술, 기업의 규모, 다국적 경영 경험 등

③ 차별화된 제품을 생산할 수 있는 능력을 보유한 기업은 보다 높은 통제력을 갖는 단독투자나 합작투자를 선호

④ 기업이 국제적으로 경영활동을 확대하고 현지기업들과 경쟁에서 승리하기 위해서는 자산력이 필요

⑤ 기업의 규모는 기업이 보유하는 자원의 크기를 나타내며 규모가 큰 기업은 규모가 작은 기업보다 직접투자 형태를 선호

⑥ 기업이 보유하는 또 다른 형태의 자산력은 다국적 경영경험

2) 노하우의 암묵적 성격

① 해외진출을 계획하는 기업의 경우
- 독점적 자산을 시장에서 제3자에게 대가를 받고 파는 것으로 라이선싱에 의한 해외진출
- 독점적 자산을 자기가 직접 사용하여 스스로 생산 · 판매하는 것으로 수출이나 직접투자의 진출
- 두 방법 모두 비용이 수반

② 라이선싱 형태로 해외 진출하는 경우
- 기술을 보유한 기업이 기술을 적절한 대가를 받고 현지기업에 팔아야
- 현지기업이 계약조건대로 제품을 생산 판매하지 않으면 법적 소송을 통해 시정해야 하므로 비용 부담
- 거래비용의 존재로 인해 라이선싱보다는 수출이나 직접투자 형태의 해외진출을 선택
- 거래비용은 기업특유의 노하우의 암묵적 성격이 강할수록 증가
- 규모의 경제를 이용하거나 경영활동의 통합에서 오는 관료주의적 불이익을 회피

③ 수출이나 직접투자 형태로 진출하는 경우
- 시장거래를 통하지 않고 직접 생산 · 판매하는 형태로 운영하는 경우 비용발생
- 시장경쟁을 통한 저렴한 가격보다 자체 생산의 질 낮은 상품을 높은 가격으로 구입하는 가능성
- 해외시장에 라이선싱 대상기업의 수가 적어 경쟁적인 대안이 없으면 통제력이 높은 직접투자가 유리

3) 환경변수

① 해외시장 진출에 관심을 갖는 기업들은 상대적으로 보다 높은 수익률을 얻을 수 있는 매력적인 시장을 선호

② 시장의 매력도는 새로운 기업의 진출위험, 경쟁자의 존재 등 여러

미시적 환경에 따라 변동

③ 해외시장의 잠재력이 크면 기업은 보다 높은 장기 수익률을 위해 라이선싱이나 수출보다는 직접투자를 선택

- 시장잠재력이 크면 규모의 경제를 달성하여 한계생산비를 줄이기 때문

④ 진출기업이 해외시장에서 직면하는 투자위험은 진출국의 정치적·경제적 현상과 정부의 정책이 앞으로 지속될지에 대한 불확실성을 반영

⑤ 현지정부의 정책이 바뀌면 이익금의 본국 송금이 어려워지고 공장 등 자산몰수도 발생

⑥ 외국인 투자에 대한 규제일변도 정책이면 외국인 투자가 감소하고 직접투자보다는 수출이나 라이선싱 형태를 선호

4) 지구적 전략변수

① 기업이 해외로 어떤 형태로 진출하든지 기업특유의 수익성 있는 독점적 자산을 보유해야 함

② 기업특유의 수익성 있는 자산은 장소에 따라 변동

③ 우리나라 기업이 보유한 기술이 미국 등 선진국에서 독특한 수익성 자산이 될 수 없지만 기술수준이 낮은 후발개도국에서는 이점

④ 해외진출을 보다 정확히 파악하려면 3요인과 지구적 경쟁에서 꼭 고려해야 되는 지구적 전략변수도 포함시켜야 하며

⑤ 해외진출을 글로벌 차원에서 접근하는 기업은 기업 전체의 입장에서 성공하고 있는가에 관심을 가져야 하고

⑥ 특정 해외시장에서 이익을 얻기 위해서가 아니라 수요변화를 감지하고 잠재적 경쟁자의 전략을 무효화하기 위해 해외로 진출

제 7 장

요점정리 Ⅰ

중간고사 대비(제1장~제6장)

○ 프랑스 왕실은 16세기 중반 연 16%로 채권 발행하고 채권값 하락을 보전하기 위해 분기별 1% 추가 지급, 이후 프랑스 채권값은 폭락하여 액면가의 85%가 할인되어 거래

- 1557년 앙리2세의 채무지급 거부로 세계 최초의 '정크본드 파동' 발생

○ 스페인은 로마시대 이후 약 300년 이상 세계 금융시장의 중심

- 15세기 스페인의 이사벨과 페르난도 왕실은 인도 및 아시아에 무역 및 종교전파 등을 위해 무역선을 보냄, 당시 '벤처' 용어가 유래

○ 네덜란드의 암스테르담은 16세기 후반 이후 유럽의 금융 중심지로 부상

- 노르웨이에서 목재, 서인도제국에서 설탕, 미국 메릴랜드에서 담배 수입
- 영국 웨일스의 제철소와 스웨덴의 영지에 투자
- 제정 러시아 황제 차르에 농산물 수출
- 스페인 소유의 아메리카 대륙에 노예공급
- 당시 네덜란드 상인은 복식부기, 환어음, 주식회사 등 금융자본주의 형성

○ 17세기 초 네덜란드에서 금융자본이 형성

- 1602년 유나이티드 동인도회사 설립
- 1609년 유럽 최초의 중앙은행인 네덜란드의 비셀방크 설립
- 1621년 서인도회사가 아메리카 대륙과의 교역을 위해 설립
- 네덜란드 정부는 채권과 복권을 발행하여 대중들의 관심을 유도
- 유럽의 대규모 자본이 네덜란드로 유입

○ 1610년 네덜란드 암스테르담에서 증권거래소 설립

- 선도거래 대상 : 곡물에서 고래기름, 설탕, 구리, 이태리산 비단 등
- 동인도회사 주식의 거래 : 시장가격의 4/5까지 대출 · '마진 론'
- 17세기 후반에 동인도회사 주식의 1/10 액면분할
- 선물과 옵션, 액면분할주 등이 파생상품의 원조

○ 1630년대 네덜란드에서 튤립투기 발생

- 1630년대 네덜란드 경제적 상황은 투기하기에 매우 적절한 환경
- 스페인으로부터 군사적 위협이 사라짐
- 당시 네덜란드의 국민소득이 가장 높았으며 부동산의 가격상승
- 투자대상이 바로 튤립으로 당시 귀족과 부유층의 전유물로 인식
- 투자자 : 직공, 방직공, 구두장수, 빵가게주인, 채소장수, 농사꾼 등 서민층
- 투기열풍의 막바지 무렵에는 튤립뿌리가 없는 실체 없는 거래가 성행
- 마침내 1637년 2월3일 튤립시장이 붕괴 → 정부는 매매가격의 3.5%만 지급
- '버블'의 용어 유행 : 빠르게 부풀어 오르고 빛을 영롱하게 반사해 바라보는 사람이 황홀하지만 한순간 사라지고 만다.

○ 영국에서 1845년도 철도회사 버블 발생

- 1820년대 처음 증기기관차 출현으로 폭발적인 호응
- 1830년대 최고의 교통수단으로 성장
- 1840년대 철도 관련 산업이 등장하며 인간사회의 변화
- 1847년 영란은행은 금 보유량이 감소하자 이자율 인상

○ 프랑스에서 1720년 South Sea(남해기업) 버블

- 영국은 스페인 무적함대와의 전투에서 승리
- 스페인의 남미 광산권을 이양받는다는 계약만으로 South Sea 기업의 주가 폭등
- 이후 큰 폭 하락으로 네덜란드의 튤립에 이어 두 번째 투기로 기록

○ 미국은 제1차 세계대전 이후 1920년대 경제 부흥기 형성
- 미국은 전쟁에서 승리하면서 세계에서 제일 부강한 나라로 부상
- 당시 주식 및 주택, 엠파이어스테이트빌딩이 상징하는 빌딩건설 등 호황
- 플로리다 등의 휴양시설 붐, 자동차와 라디오 등 기술혁신
- 대형 여객선과 기차에 의한 여행 붐, 부유층의 자녀교육 붐 등으로 최대 호황
- 1920년대 라디오 열풍으로 대서양 횡단 선박에 객장을 설치하고 주식거래
- 1929년 경제 대공황 발생

○ 미국에서 1929년 대공황이 발생할 당시의 경제상황
- 주식에 투자한 사람들이 매수세 실종으로 큰 손실
- 주가는 1929년 10월부터 1932년 말까지 83% 폭락
- 주가 폭락으로 많은 은행이 문을 닫고 예금자도 큰 손실
- 사람들의 일자리가 사라지면서 1932년까지 1/4 실직
- 당시 자동차 메이커 200개에서 12개로 감소, 지금은 3곳만 영업

○ 국제경영이 기업과 소비자에게 중요한 이유
- 기업의 생존과 성공에 매우 중요하며 일상생활에 큰 영향
- 기업에게 새로운 시장을 제공하여 성장과 수익에서 많은 기회 부여
- 경제의 국제화로 세계경제가 가까워지면서 각 국가경제에 미치는 영향 확대
- 소비자에게 새로운 선택을 제공하여 저렴한 가격으로 좋은 상품 구입
- 자본과 노동 등 생산요소의 이동의 확대

○ 국제경영과 국내경영의 차이점
- 본국과 다른 정치 · 경제 등 거시적 환경요인과 기술 · 노동 등 미시적 환경요인

- 진출한 국가수가 많을수록 더 복잡해지고 많은 문제와 위험이 상존
- 직접 및 간접투자 또는 국가 간 존재하는 상품과 자산 이동의 법적인 제약
- 다수국을 대상으로 경영활동을 하기 위해서는 조정과 통합이 필요
- 국가별로 이질적인 환경 하에 경영자원과 역량을 가장 잘 배분하고 활용

ㅇ 자유세계경제를 상호 의존적 관계로 발전시키는 큰 흐름
- 자유무역주의
- 지역경제통합
- 기업국제화

ㅇ 기업의 국제화 동기
- 마케팅 측면의 동기 : 관세 및 비관세 무역장벽의 회피, 물적 유통비의 절감, 시장조사의 용이성, 판매활동의 계획 등
- 생산관리 측면의 동기 : 공장 건설비 및 실질임금의 절약, 효과적인 품질관리, 특수기술 및 원자재의 가용성, 원자재 및 부품의 저가구입 등
- 재무관리 측면의 동기 : 관세 및 소득세를 포함한 세제상의 혜택, 용이한 자금조달, 저렴한 자본비용, 유휴자본의 활용가능성
- 제반관리 측면의 동기 : 유리한 기업성장의 대안적 기회, 시장과 생산시설의 지역적 다변화를 통한 위험의 분산 및 이익의 안전, 고객 및 정부기관과의 관세개선 등

ㅇ 우리나라 기업의 국제화 필요성
- 우리나라 기업의 국제화 개입수준과 성장전략 : 수입 → 수입대체 → 수출 → 기업국제화
- 해외판매시장의 확보, 유지, 개발 : 단순수출을 통한 해외시장 진출의 한계성, 관세와 비관세장벽에 대한 대응책

ㅇ 범세계적 경쟁의 우위요인과 장애요인

- 우위요인 : 비교우위, 규모의 경제, 범세계적 경험, 제품차별화, 독점적 생산기술, 생산력의 이동성
- 장애요인 : 수송 및 보관비용, 확립된 유통경로, 조달기간에 대한 민감성, 지역시장의 복잡한 세분화, 범세계적 수요의 부재

ㅇ 국제경영자의 사고방법의 지역성

- 본국 지향적 : 의사결정의 대부분은 자국에 있는 본사에서 이루어지며 해외자회사에 상의하달 방식으로 운용
- 현지국 지향적 : 경영환경이 자국과 많은 차이가 있다고 인정하여 현지기업의 자율적 경영활동이 허용
- 지역 지향적 : 세계경제가 지역화 되는 추세를 감안하여 지역단위 위주로 독자적인 경영활동을 전개
- 세계 지향적 : 경영자는 국적에 관계없이 적임자를 선발하며 의사결정은 본사와 해외자회사와의 긴밀한 의사소통에 의해 형성

ㅇ 국제경영에 대한 경영자의 사고방식 유형

- 국제적 사고방식 : 국제적 기업은 본사의 전략을 해외자회사에 이전하고 본사가 의사결정권을 가지며 해외자회사는 본사를 지원하는 기능을 수행
- 다국적 사고방식 : 해외자회사들은 독립적 단위조직으로써 각 국가에서 현지국기업인 것처럼 행동하고 큰 자율성 보유
- 글로벌 사고방식 : 글로벌 효율성을 추구하는 기업으로 기업전반에 걸쳐 규모의 경제를 실현하여 비용상의 이점을 활용하려는 유형
- 범국가적 사고방식 : 전 세계를 하나의 단위로 파악하여 수립된 전략을 개별 국가에 수행하기 위해 현지 경영활동에 맞도록 현지화 전략을 수립

ㅇ 지역경제통합의 의의

- 둘 이상의 국가가 합의에 따라 다른 나라에 대해 관세 등 다양한

방법으로 차별화
- 반면 가맹국 상호간에는 무역자유화, 생산요소의 자유로운 이동 등을 위해 경제적으로 협력

o 지역경제통합의 형태
- 자유무역지역 : 가장 단순한 통합 형태로 회원국 사이에 상품과 서비스 이동에 대한 관세 및 비관세 장벽을 제거하거나 낮추는 공식협정
- 관세동맹 : 회원국 사이의 자유무역을 취하고 각 국가는 개별적으로 비회원국과 무역협정을 맺는 권리를 포기
- 공동시장 : 각국은 독자적인 화폐를 가지고 있으나 각 회원국들은 환율을 고정시키거나 제한된 범위 내에서 변동 허용
- 경제동맹
  - 회원국끼리 생산요소의 자유로운 이동이 보장되고 무역과 통화정책을 공동으로 수행하며 상호 각종 경제정책을 조정
  - 유럽연합
- 완전경제통합
  - 회원국이 경제동맹에 관한 협정을 체결하여 경제정책을 조정
  - 초국가적 기구 설립으로 통화, 금융, 재정, 사회, 경기정책 등을 통합
  - 새로운 국가를 결성하는 것과 같은 하나의 조직체를 구성하는 경제통합체
  - 경제적 통합뿐만 아니라 정치적 통합까지 수반되는 형태

o 유럽연합(EU : Europe Union)
- 설립이유는 산업에 꼭 필요한 요소들은 관세를 매기지 말고 상호 이익을 보기 위해
- 벨기에, 프랑스, 서독, 이탈리아, 룩셈부르크, 네덜란드, 덴마크, 아일랜드, 영국, 그리스, 포르투갈, 스페인, 오스트리아, 핀란드, 스웨덴, 폴란드, 헝가리, 체코, 슬로바키아, 슬로베니아, 리투아니

아, 라트비아, 에스토니아, 키프로스, 몰타, 불가리아, 루마니아 등 총 27개 회원국

○ 아세안자유무역지역(AFTA)

- 동남아국가연합으로 태국, 말레이시아, 싱가포르, 인도네시아, 필리핀 등 10개국으로 구성
- 주요 내용은 농산물을 제외한 모든 상품의 관세장벽을 철폐
- 부유하지는 않지만 노동력이 풍부한 개발도상국으로 5억의 시장을 형성

○ 북미자유무역협정(NAFTA)

- 미국, 캐나다, 멕시코의 3개국에 의해 북미지역에 자유무역지대를 형성하는 협정
- 유럽의 경제통합과 일본의 경제성장에 자극 받아 미국이 캐나다의 풍부한 자원과 멕시코의 값싼 노동력을 자국의 자본 및 기술과 효과적으로 결합하고자 체결

○ 국제경쟁력의 정의

- 국제시장에서 기업이 보유하고 있는 자원과 역량, 경영자가 선택하는 효과적인 전략에 의해 결정
- 국제경쟁력을 위해서는 다른 나라 기업이 갖고 있지 않은 자원과 역량을 보유하여 더 많은 가치를 창조할 수 있어야 함

○ 국가별 경제적 환경의 차이의 요인

- 경제규모 : GNP, GDP
- 1인당 국민소득
- 물가상승률
- 수출입 및 국제수지 등

○ 산업별 정치적 위험

- 정치적 위험이 큰 산업 : 석유 및 광업 등 1차산업, 금융산업, 전

기 · 운송 · 전화 등 공공산업
- 정치적 위험이 적은 산업 : 기술집약적 2차산업

○ Geert Hofstede의 연구
- 권력거리가 작은 사회와 큰 사회의 주요 차이점
- 집합주의 사회와 개인주의 사회의 주요 차이점
- 여성적 사회와 남성적 사회의 주요 차이점
- 불확실성 수용문화와 회피문화의 주요 차이점

○ 국제경영자와 문화에서 의사결정에 영향을 주는 요인
- 내부요인 : 최고경영자의 성격, 조직전략, 이미 확보한 자원(재무, 시설, 기술) 등
- 외부요인 : 노동시장, 기술, 법과 규제, 노조, 소비자단체, 인종 및 종교 시스템, 환경운동, 산업이해관계자 등

○ 국제경영전략의 필요성
- 경쟁에서 이기기 위해 국가 간의 차이, 규모의 경쟁, 범위의 경제가 필요
- 국제화는 국가 사이에 발생하는 노동비용이나 자본비용 등 생산요소비용의 차이를 활용하여 원가절감
- 기업의 국제화를 통해 얻을 수 있는 장점은 생산규모가 증가함에 따라 생산비가 감소하는 규모의 경제
- 제품을 개별적으로 생산하는 것보다 다량의 제품을 생산할 때 소요비용이 절약되는 범위의 경제

○ 국제전략수립에서 가치사슬의 배치
- 국제경쟁력은 상대적인 저원가와 차별화에 따른 경쟁우위에서 비롯
- 경쟁우위는 연구, 개발, 생산, 물류 등 개별기능 활동의 가치사슬 분석을 통해 파악
- 생산 · 판매 · A/S 등은 주요 활동이고, 인적 자원관리 · 기술개발

등은 보조활동
- 가치사슬의 주요 활동을 세계 어느 지역에 배치할 것인지가 중요한 전략적 의사결정

○ 국제전략수립에서 진출시장을 선정하는 방법
- 진출하고자 하는 시장은 한정된 국가보다 세계적으로 널리 진출하여 지역적 균형이 필요
- 국제전략은 기업의 매출이 세계적으로 시장규모에 맞춰 균형을 이루어야 함
- 진출대상국은 국제화 차원에서 전략시장이 선정되는 것이 바람직
- 전략시장은 성장잠재력이 큰 시장, 경쟁기업의 모국시장이나 주력시장, 기술개발 본산의 시장 등을 의미

○ 국제전략수립에서 시장진입방식의 선택
- 해외직접투자로 신설할 것인지, 현지기업을 인수할 것인지에 대한 선택
- 시장진입방식은 수출활동, 무자본 해외활동, 자본참여 해외활동의 3가지로 구분

○ 국제경영 환경변화에 성공적으로 대처한 기업
- 환경변화에 적극적으로 대응하며 변화 속에서 새로운 기회를 추구
- 기업체질을 바꾸고 고객만족, 품질개선, 기술개발, 생산성 향상 등에 노력
- 전략적 선택은 모두 환경분석을 통해서 가능
- 환경분석 대상으로 거시환경과 미시환경이 존재
- 미시환경분석에는 고객, 경쟁자, 주요 시장분석이 특히 중요

○ 세계 최우량기업의 조건에서 기업문화의 의미
- 사회적 요인, 산업적 요인, 내적 요인 등 다양한 영향을 받아 형성

- 사회적 요인은 윤리, 도덕가치, 가족제도, 법규, 정부역할, 경제체계, 기술 등
- 산업적 요인은 제품, 고객, 기술변화도, 수명주기, 산업구조, 시장경쟁 등
- 내적 요인은 경영주의, 경영이념, 기술, 제품의 수명주기, 인적자원 등
- 기업 고유의 가치관과 신념, 규범, 관습, 행동 패턴의 거시적 총체로 정의

○ 세계 최우량기업의 조건에서 기업전략의 의미

- 외적 환경변화에 대응하면서 기업목표를 달성하기 위해
- 기업의 약점을 보강하고 강점을 최대한 이용해 지속적으로 경쟁력을 확보하기 위한 경영계획
- 경영을 지배하는 가장 상층부의 경영전략
- 기업이 해야 할 일과 어떤 목표를 어떻게 달성해야 하는지 명확히 제시하는 활동

○ 세계 최우량기업의 조건에서 사업전략의 의미

- 기업이 어떻게 특정사업 또는 산업에서 경쟁할 것인가 하는 문제
- 기업가치의 극대화인 기업목표에 대한 명확한 이해로부터 시작
- 복수의 사업전략안을 수립하고 각각의 사업가치를 평가하여 리스크를 충분히 파악하여 선택

○ 세계 최우량기업의 조건에서 직능전략의 의미

- 마케팅, 생산, 인사, 재무, 연구개발, 조달 등 광범위한 모든 분야에 걸쳐 시도
- 목표설정과 중복이 없는 일관되고 통일된 명확한 기본방침

○ 한국에서 성공한 기업들의 공통적인 특징

- 인재 제일을 목표로 연수원 설립 등 우수한 인재를 양성
- 조직 내 인재의 존엄성과 직원 간 단결을 중시

- 직원들의 창의적인 발상과 의견을 받아들이고 반영
- 각 직원의 책임감과 애사심을 기르게 하여 공동체 기업문화를 형성

○ 세계 최우량기업의 조건에서 운영효율성의 정의와 의미

- 경쟁자들이 수행하는 활동보다 더 우수하게 실행하는 것
- 제품의 결함을 감소시키거나 우수한 제품을 더 빨리 개발
- 기업이 투입요소를 잘 활용하는 데 도움이 되는 다수의 활동
- 경쟁기업은 경영기법, 신기술, 투입요소 개선, 고객욕구의 충족 등을 빠르게 모방
- 컨설턴트의 지원 하에 운영효율성 기법이 빠르게 확산

○ 세계 최우량기업의 조건에서 핵심역량의 정의와 사례

- 다른 기업이 모방하거나 따라올 수 없는 차별화된 힘
- 다양한 시장에 접근할 수 있는 잠재력을 제공
- 최종 제품에 대해 고객이 지각하는 혜택에 크게 기여
- 소니 : 소형 모터 및 컨트롤러 등 소형화 기술
- 캐논 : 캐논의 정밀기계기술, 광학기술
- 혼다 : 엔진 관련 기술
- 월마트 : 강력한 물류 시스템
- 코카콜라 : 자사 브랜드 이미지 통합으로 지속적인 마케팅 능력의 확대
- 맥도널드 : 프로세스 관리방식(프랜차이즈)

○ 세계 최우량기업의 조건

- 국제경쟁력
  - 기업이 보유하고 있는 자원과 역량, 경영자가 선택하는 효과적인 전략에 의해 결정
  - 기업의 경쟁우위는 기업이 창조하는 가치에 의해 결정

- 자 원
  - 기업 특유의 특허권이나 상표, 평판, 기업 특유의 노하우나 전문지식을 갖춘 조직구성원
  - 청량음료시장의 코카콜라 상표, 휴대폰 시장의 삼성전자의 애니콜 등
- 역 량
  - 기업이 경쟁기업에 비해 특별히 잘하는 활동들을 지칭
  - 삼성전자의 신제품 개발역량, 일본 혼다의 소형 엔진 디자인 역량 등

○ 국제경영전략의 특징에서 국제화 성장전략에 대해

- 시장침투전략
  - 기존제품의 시장점유율을 확대하고 매출을 신장시켜 이익증대를 도모하고자 하는 전략
  - 어떤 제품을 사용하는 고객들로 하여금 더 많이 더 자주 구입하게 하는 전략
- 제품개발전략
  - 이미 개척해 놓은 기존시장에 새로운 제품을 개발하여 성장하려는 전략
  - 기존상품을 구입하는 고객들에게 신상품을 구입하게 하여 성장하려는 전략
  - 신제품개발로 기업의 이윤을 확보하고 시장변화에 대응하여 성장을 보장하기 위한 목적
- 시장개발전략
  - 기존제품을 전제로 새로운 시장을 개척함으로써 성장을 도모하려는 전략
- 다각화 전략
  - 새로운 시장을 전제로 이를 개발함으로써 성장하려는 전략

  - 수요의 쇠퇴와 시장포화 등으로 위협받고 있을 때 신제품으로 새로운 시장을 확대하는 전략
  - 기업의 잠재능력을 발휘하고 잉여자원을 활용하기 위해 기업을 확대해 나가는 전략
- 철수전략
  - 기업이 위기에 닥쳤을 때 위기극복을 위해 기업활동을 축소하거나 청산, 매각하는 전략
  - 우회전략, 포기전략, 창산전략 등으로 경영자가 추구하기 싫어하는 전략

○ 국가경쟁력 지표의 종류
- 1인당 GDP, 생산성, 수출입증가율 및 무역수지, 가격경쟁력, 국제시장지분, 현시비교우위지수 등

○ 국가경쟁력 지표에서 생산성의 정의
- 생산성은 이러한 생산과정에서 각종 투입요소가 얼마만큼 효율적으로 이용되었는가를 나타내는 지표
- 국민경제적으로 보면 생산성 향상은 지속적인 경제성장을 가능하게 하여 국민생활 수준을 개선

○ 가격경쟁력 지표 중 수출입증가율 및 무역수지의 설명
- 기업들의 국제경쟁력을 반영하는 지표의 하나
- 무역수지의 적자나 흑자가 기업의 국제경쟁력과 반드시 1:1 관계는 아님
- 실질적인 국제경쟁력 제고 없이 무역수지 개선하는 방법
  - 원화가치 절하
  - 국내경기를 위축시켜 수요감소
- 국민생활수준을 높이면서 무역수지를 개선하는 방법은 기업경영의 효율성을 제고하는 것

○ 가격경쟁력 지표 중 가격경쟁력의 설명

- 수출단가지수는 수출상품의 가격경쟁력에 대한 총체적 수준을 표시
- 선진국은 기업브랜드로, 중진국은 국가브랜드로, 개발도상국은 가격경쟁력으로 국제시장에서 승부
- 여러 나라에서 미 달러표시 수출단가지수를 자국 상품의 국제경쟁력을 측정하는 지표로 사용

○ 가격경쟁력 지표 중 국제시장지분의 설명

- 한 나라가 수출하는 상품전체나 개별상품이 세계 수출시장에서 점유하는 비율
- 그 나라가 생산 수출한 상품의 국제경쟁력을 나타냄

○ 국가경쟁력의 차원의 정의

- 최근 한국경제의 국가경쟁력이 하락하고 있는 것으로 파악
- 경쟁력 하락은 기업이 생산하는 제품의 효율성이 경쟁기업보다 떨어진다는 것을 의미
- 국제경쟁력 저하는 국민의 생활수준 저하로 연결
- 한 나라의 국제경쟁력은 국가차원, 산업차원, 기업차원으로 구분

○ 산업차원의 비교우위에 관한 설명

	A국	B국
X재 노동시간	10시간	9시간
Y재 노동시간	15시간	8시간

- B국은 X재와 Y재 모두 절대적 우위
- B국은 상대적 우위인 Y재 생산에 주력
- A국은 X재와 Y재 모두 절대적 열위
- A국은 상대적 우위인 X재 생산에 주력
- 양국이 상대적 열위에 있는 상품을 수입하는 것이 국내에서 자급자족하는 것보다 이익

- 비교생산비설은 국가 간 자유무역이 양국 모두에게 유리하다는 근거를 제시하여 국제 분업 및 무역에 관한 기초이론으로 작용

ㅇ 다음 산업차원의 요소부족에 관한 설명

	농토	기후	기계(자본)	인구
A국	○	○	×	×
B국	×	×	×	○
C국	×	×	○	×

- A국가는 농업이 발달해 농산물을 생산 · 수출
- B국가는 노동집약적인 경공업이 발달해 직물, 의류, 신발류 등을 생산 · 수출
- C국가는 기계를 많이 이용하는 기계, 전자제품, 화학제품 등을 생산 · 수출
- A국은 농업기술, B국은 경공업기술, C국은 중화학 및 전자공업 기술이 발달
- 우리나라는 중국에 비해 노동력이 비싸며 자본이 싸므로 자본을 중국으로 수출해서 값싼 노동력으로 제품을 생산하여 이윤을 남기는 전략이 유리

ㅇ 다음 산업차원의 국가경쟁우위론에 관한 설명

- 포터에 의해 1990년 발표된 국제무역이론의 가장 최근 이론
- 근본요소로 관련 및 지원산업, 수요조건, 요소조건, 기업의 전략과 구조 그리고 경쟁관계의 4가지 제시
- 각국은 이 4가지 요소의 상호작용으로 특정산업이 경쟁우위를 갖고 국제무역이 성공하게 됨

ㅇ 국가경쟁력의 기업차원에 대한 설명

- 경영전략의 최상위 개념으로 한 기업이 자신의 기본 성격과 비전을 어떻게 형성하는가를 나타냄
- 조직 구성원에게 목적의식을 심어주고 조직의 구성원들로 하여

금 어떻게 회사의 목표와 미션에 몰두하게 하는가에 초점

ㅇ 국가경쟁력의 직능전략에서 회사의 사업전략이 저비용 전략인 경우

- 생산하는 제품라인의 수는 적어야 하며 제조 직능도 효율적이어야 함
- 마케팅도 비용절감을 위해 TV 대신 신문이나 전단지를 활용한 광고활동
- 유통경로도 할인점을 이용
- 구매직능은 대량구매를 통해 구매비용 줄이고
- 재무직능은 외상매입을 통해 재무비용 최소화

ㅇ 국제경쟁력의 강화방안에서 국제경쟁력의 단계에 대해

- 1차원의 경쟁력 : 저임금의 활용을 통한 저원가 우위
- 2차원의 경쟁력 : 규모의 경제를 통한 저원가 우위
- 3차원의 경쟁력 : 혁신을 통한 저원가와 차별화 우위
- 4차원의 경쟁력 : 시간과의 경쟁력 "Small is beautiful."
- 5차원의 경쟁력 : 기업가정신의 발휘를 통한 경쟁우위, 완벽성의 추구

ㅇ 국제경쟁전략을 성공시키는 전술

- 집중공격전술 : 경영전략을 한 번에 해결하여 후난의 우를 없애는 전술
- 지구전술 : 정면으로 싸우지 않고 시일을 연장시켜 상대의 적을 지치도록 하는 전술
- 각개격파전술 : 경영전략의 목표를 부분을 통하여 전체를 장악하는 전술
- 내부공작전술 : 상대방의 진영에 동조자를 마련하여 내부공작으로 상대편을 타도하는 전술
- 실적쟁취전술 : 전술계획 실시 시초에 신속하게 실적을 올려 시장점유율을 쟁취하는 전술

○ 국제경쟁전략을 성공시키는 타이밍 전술에 대해

- 적기전술 : 정세가 유리한 때를 놓치지 말고 신속한 조치를 취하는 전술
- 정세판단전술 : 정세를 올바르게 판단하여 호기가 올 때 대응하는 전술
- 냉각기간전술 : 냉각기간을 두면 문제해결이 용이하거나 자연히 해결되기도 하는 전술

○ 국제사업전략의 정의

- 선정된 산업 내에서 어떠한 경쟁무기를 가지고 그 산업 내의 다른 기업들과 경쟁할 것인가를 결정
- 여러 종류의 경쟁무기를 어느 정도로 이용하면 최대의 영업성과를 올릴 수 있을 것인가를 결정하는 것

○ 국제시장 경쟁전략에서 이동장벽의 정의

- 특정한 산업에의 진입을 어렵게 하는 진입장벽과 달리 산업 내에 존재하며 세부 시장 사이의 이동을 저해하는 장벽
- 사례로 자동차산업에서 현대차는 소형 저가차 중심이고 벤츠는 고급차 중심으로 경쟁하기 때문에 두 시장에는 이동장벽이 존재

○ 전략군 이론의 정의

- 산업 내 경쟁기업들은 모두 공통된 전략을 사용하는 것도 아니고 독특한 전략을 사용하는 것도 아님
- 일부 회사들의 전략 사이에 비슷한 전략을 사용하는 기업집단을 전략군이라 부름
- 전략군들은 상호보완적인 전략요소들로 구성되어 있는 통합된 각기 다른 전략들을 사용
- 한 산업 내에는 다른 전략을 사용하는 기업군들이 존재
- 기업군들은 산업의 진입장벽을 공유하는 것이 아니라 산업 내에 각기 다른 이동장벽을 구축

ㅇ 전략군의 분류

- 제1군 : 세계에서 가장 특징이 없는 제품을 가장 싼 가격으로 시장에 공급하는 기업들
- 제2군
  - 평균 이하의 제품이 평균 미만의 가격으로 시장에서 경쟁하는 기업들
  - 국제경쟁력의 원천이 저임금, 통화가치 저평가 등 단순 비교우위가 아닌 규모의 경제
  - 대량 생산으로 표준화된 제품들은 특징이 없기 때문에 가격도 평균 미만
- 제3군
  - 다품종 소량 생산과 범위의 경제를 중시하는 기업들로 구성
  - 시장세분화를 통해 범위의 경제를 중시하기 때문에 혁신을 중요시
- 제4군
  - 평균 이상의 제품을 평균 이상의 가격으로 공급하는 기업들
  - 자사 제품특성이 다른 기업의 제품에 비해 독특하다는 느낌을 주어야 함
- 제5군 : 평균 미만의 제품을 평균 이상의 가격으로 시장에 공급하는 기업들
- 제6군
  - 세계 최고의 제품을 세계 최고의 가격으로 판매하는 기업들로 구성
  - 많은 기업들이 유럽에 있으며 품질과 더불어 장기간 명성을 쌓아야 가능
  - 시계의 로렉스, 자동차의 벤츠와 BMW, 향수의 사넬 등

ㅇ 범위의 경제의 정의

- 여러 제품을 여러 기업이 각각 생산 · 판매할 때보다 한 기업이

생산 · 판매하면 비용이 감소하는 현상

- 다품종 소량생산을 전제로 하기 때문에 정보화 사회에서 경쟁에 보다 적합한 개념으로 시장세분화에 뛰어난 기업들이 포함

○ 국제진출 전략에서 수출방법에 대해

- 국내에서 제품을 생산하고 해외에 판매하는 방법
- 제조업체가 처음 해외시장에 진출할 때 가장 많이 사용하는 방법
- 해외시장에 진출하기 위해 활용할 수 있는 가장 오래되고 기본적인 전략
- 국내수요의 한계로 과잉생산품을 수출을 통해 판매

○ 국제진출 전략에서 간접수출의 개념

- 수출과 관련된 주요 기능을 스스로 수행하지 않고 수출업자, 수출대리점, 수출조합 등을 통해 수출하는 가장 간편하고 소극적인 방법
- 장점 : 인적, 물적 자원을 직접 투입하지 않고 제품 수출이 가능
- 단점 : 수출활동을 직접 통제할 수 없어 창의적이고 능동적인 수출활동 제한

○ 국제진출 전략에서 직접수출의 개념

- 해외시장조사와 해외고객과의 접촉, 수출가격의 책정 등 국제마케팅 기능과 수출 관련 서류작성까지 주요 업무를 스스로 수행하는 방법
- 수출을 전담하는 인원이나 부서가 필요하여 수출 관련 비용이나 자금부담 증가
- 수출액이나 수출에 따른 이익이 증가할 수 있는 가능성이 커짐

○ 해외직접투자의 장점과 단점

- 장 점
  - 관세의 절감과 무역장벽을 극복하고 생산관리비 절감
  - 부피나 무게가 많은 제품의 경우 현지생산으로 수출비용과 저

장비용 절약
- 공장부지와 건설비를 줄일 수 있으며 현지인에 대한 저항감 감소

• 단 점
- 해외에서 제품생산으로 제조활동이 분산되어 수행
- 해외시장진출로 많은 자본과 인력이 투입되어 기업의 위험부담이 증가
- 정치적으로 불안정한 나라의 경우 국유화 등 정치적 위험에 노출

○ 해외 계약형태의 진출에서 라이선싱의 장점과 단점

• 장 점
- 별도의 투자 없이 제품의 판매액 등의 일정비율을 로얄티로 받음
- 제품생산에 필요한 원료, 중간재, 장비 등을 수출할 수 있는 권리
- 직접투자에 비해 해외시장에 빨리 진출할 수 있음

• 단 점
- 해외 라이선싱을 통해 스스로 경쟁자를 육성하는 결과를 초래할 수도
- 라이선싱의 활동이 불만족한 경우 통제나 계약기간 중 교체에 어려움

○ 해외 계약형태의 진출에서 프랜차이징에 대해

• 라이선싱의 한 형태로 상품과 서비스의 유통을 위한 방법
• 프랜차이저가 프랜차이지에게 사업을 할 수 있는 권리 등을 주고 대신 대가를 받는 지속적인 관계
• 지난 20~30년 동안 미국경제에서 가장 성공한 사업
• 미국 상무성은 프랜차이징을 미래의 물결로 규정하고 발전을 위

해 모든 노력을 지원
- 보다 많은 고객과 많은 상품을 보다 높은 가격에 더 많이 팔기 위해 가장 좋은 방법
- 예를 들어 햄버거를 파는 것보다는 햄버거 가게를 파는 것이 더 유용

○ 해외 계약형태의 진출에서 Turn-key 계약의 정의
- 시공자가 공장이나 시설물에 관한 공사를 일괄 수주 받아 가공준비가 완료된 시점에서 발주자에게 공장이나 시설물을 인도하기로 약정하는 계약
- 산업기계, 건설, 엔지니어링 회사 등이 Turn-key 계약의 시공자가 되는 경우가 많음

○ 해외 계약형태의 진출에서 경영계약의 정의
- 기업은 일정기간 대가를 받고 외국기업의 경영을 도와주거나 이를 대신해 주는 경영계약을 통해 해외시장에 진출
- 경영계약을 통해 기업이 수출하는 것은 경영 서비스라는 용역

○ 해외 계약형태의 진출에서 계약생산의 정의
- 기업은 해외기업과 계약생산을 통해 해외시장으로 진출 가능
- 진출방법은 진출대상국에 있는 기존의 업체에게 계약조건에 따라 제품을 대신 생산하게 하고 현지에서 마케팅 활동은 직접 수행하는 방법

○ 국제 콘소시움의 정의
- 위험을 분산하기 위해 여러 나라가 국제 채무단을 구성하여 공동으로 차관을 공여하기 위해 협력
- 대규모 해외공사를 수주 완성하기 위해 자금, 기술, 경영면에서 협력하고 결합하는 뜻으로 사용

○ 국제진출형태에 영향을 미치는 요인

- 기업특유의 이점(노하우), 장소특유의 이점(환경변수), 내부화 이점(노하우의 암묵적 성격)
- 위 요인은 수익률, 위험, 통제, 자원 등에 영향을 미쳐 해외진출형태를 결정
- 위 요인 이외에 기업의 전략적 선택이 진출형태의 결정에 영향을 미치는 것으로 조사

제 8 장

국제경영의 특징과 동향

1. 국제경영에 수반되는 위험
2. 이질적 환경 하에서 기업경영
3. 국제경영과 국제개발
4. 국제경영발달에 영향을 미치는 요소
5. 최근 국제무역과 해외직접투자 동향

- 해외로 진출하고자 하는 기업은 국내와 달리 독특한 위험과 다양한 이해관계의 충돌에 노출
- 이질적 기업환경에 노출되며 진출국의 경제개발에도 관심을 기울여야 함

1 국제경영에 수반되는 위험

① 국내기업이 경영상 수반되는 위험은 사업위험과 재무위험
② 국제기업은 국제경영에 수반되는 독특한 위험들에 노출

(1) 재무적 위험

1) 국제수지문제

자본통제(배당금, 원금, 이자지급 제한)의 사례
① 미국은 1974년 이전에 자본통제 실시
② 말레이시아는 동아시아 금융위기 당시 1998년 9월 1일 변동환율제를 고정환율제로 바꾸고 주식 · 채권 · 부동산을 1년 이내에 매각할 때 해외송금을 금지하는 자본통제정책을 발표하여 위기극복
③ 일본금융청은 2008년도에 금융상품거래법에 의거하여 일본 리먼의 자산에 대하여 국내 보유명령을 내리는 등 자본통제 실시

2) 환율의 변화

① 환차손(익)에 대한 노출을 극소화하는 방향으로 국제거래를 적응시킬 필요
② 환차손의 사례
  - 환차손은 환율변동에 따른 손해를 의미하는 것으로 환차익의 반대
  - 1년 후에 지불하기로 하고 5억 달러를 빌려왔는데 환율이 두 배

로 오르게 되면 달러 구입에 더 들어가는 비용이 환차손

- 중국은행들은 2009년 들어 위안화 절상 속도가 빨라지면서 환차손 급증
- 우리나라 30대 그룹은 2008년도 글로벌 금융위기로 외환시장이 불안해지면서 환율이 급등하여 환차손이 9월 말까지 10조원을 넘어선 것으로 집계
- 국내 주요 제약사들은 2008년도에 일본에서 의약품 또는 원료의약품을 수입하는 과정에서 사상 최고의 환차손을 기록

3) 물가상승률 : 나라마다 다른 물가상승의 차이에 적응

표 8-1 각국 빅맥지수 순위(2013. 6. 9 달러 기준)

순위	국가명	빅맥지수	한화
1	베네수엘라	9.08	10,160.52
2	노르웨이	7.84	8,772.96
3	스웨덴	7.62	8,526.78
4	스위스	7.12	7,967.28
5	브라질	5.64	6,311.16
6	우루과이	5.45	6,098.55
7	캐나다	5.39	6,031.41
8	이탈리아	5.22	5,841.18
9	덴마크	5.18	5,796.42
10	벨기에	5.16	5,774.04
11	핀란드	5.09	5,695.71
12	독 일	4.94	5,527.86
13	호 주	4.9	5,483.10
14	프랑스	4.89	5,471.91
15	유럽연합	4.88	5,460.72
16	콜롬비아	4.85	5,427.15
17	터 키	4.78	5,348.82
18	스페인	4.75	5,315.25
19	아일랜드	4.74	5,304.06
20	네덜란드	4.68	5,236.92
21	오스트리아	4.6	5,147.40

〈표 8-1〉 계속

순위	국가명	빅맥지수	한화
22	그리스	4.48	5,013.12
23	코스타리카	4.39	4,912.41
24	미국	4.37	4,890.03
25	칠레	4.35	4,867.65
26	뉴질랜드	4.32	4,834.08
27	영국	4.25	4,755.75
28	포르투갈	4.00	4,476
28	이스라엘	4.00	4,476
30	페루	3.91	4,375.29
31	아르헨티나	3.82	4,274.58
31	헝가리	3.82	4,274.58
33	체코	3.72	4,162.68
34	싱가포르	3.64	4,073.16
35	일본	3.51	3,927.69
36	대한민국	3.41	3,815.79
37	아랍에미리트	3.27	3,659.13
38	파키스탄	2.97	3,323.43
39	폴란드	2.94	3,289.86

표 8-2 각국 신라면 판매가격(2011. 12. 31 달러 기준)

호 주	1.92
독 일	1.54
일 본	1.39
태 국	1.26
미 국	0.99
말레이시아	0.94
영 국	0.91
한 국	0.68
중 국	0.59
홍 콩	0.58

4) 이자율 : 나라마다 다른 이자율에 적응

① 각국의 이자율 변동은 직접적으로 자본의 국제이동에 영향
- 이자율이 낮은 국가에서 이자율이 높은 국가로 이동

② 간접적으로 상품무역에 영향
- 만일 A국의 이자율이 낮으면 기업들의 투자가 증가하므로 생산성이 올라가고 제품가격이 하락

③ 이자율 변동은 자본수지와 국제수지에 영향
- 이자율 변동으로 인한 충격이 어느 부분에 더 강한 영향을 미치는지 파악

(2) 정치적 위험

1) 몰수와 수용, 국유화

① 지난 1979년 이란의 회교혁명 발생 이후 이란에 투자한 많은 서방기업들의 자산은 이란 혁명정부에 의해 몰수

② 과거 유고연방에 속해 있던 보스니아, 크로아티아, 세르비아에 투자했던 기업들도 전쟁으로 많은 자산의 손실

③ 최근 좌파게릴라와 정부군이 대결하고 있는 알제리나 콜롬비아에서는 석유파이프라인이 폭파되거나 다국적기업의 직원을 납치하여 몸값을 요구

④ 파라과이 정부는 통일교 문선명 총재가 소유하고 있는 토지 5만 2천ha를 강제 수용한다고 보도(2005년 8월 8일)

⑤ 개성공단 등 북한지역에 투자한 국내기업이 북측의 수용위험(투자재산 몰수나 권리행사 침해)이나 전쟁위험 등 담보위험이 발생해 사업이 불가능할 경우 남북경협보험에 의해 최고 50억 원 한도 내에서 투자금의 90% 지급 가능

2) 외국계 기업에 대한 위협

① 외국정부가 합작투자를 강요하거나 해외투자의 과실송금을 억제할 경우 외국투자기업의 수익성에 악영향

② 1970년대 인도정부는 미국의 다국적기업에게 반드시 인도기업과 합작 투자할 것을 강요 : 지적재산 유출을 우려한 IBM은 인도에서 철수
③ SK의 경영권을 위협한 소버린은 투명성을 외치지만 정작 자신들의 정확한 실체는 밝히지 않았음
④ 삼성물산 주식을 매수한 후 인수합병설을 유포하여 주가가 오르자 매도하여 큰 차익을 남긴 영국계 헤르메스 펀드는 주가조작의 전형적 수법으로 지적
⑤ 독일 우량주를 사들인 외국 투자가들은 해당 기업에 대해 현금 유출을 막으면서 단기성과 위주의 경영을 하라고 압력
⑥ 외국인 주주의 비중이 큰 기업은 단기성 성과위주의 경영으로 장기적인 투자가 줄어들고 고용의 안정성이 위태

(3) 법적 위험

1) 국가 간 상이한 법체계

① 국제경영활동을 규제하는 국제법이 존재하지 않으므로 국제기업은 복잡하고 다양한 국제적 법률 환경에 노출
② 국제기업은 본사국의 법, 국제적인 경제 관련법, 현지국 법의 세 가지 차원의 법률적 환경을 동시에 고려

2) 경영에 대한 각종 제한 및 규제

① 국제법은 주로 국제조약과 국제관습이며 이를 통해 국가나 국제기구, 개인의 상호관계에서 발생하는 국제법적 사항들이 구제되고 조정
② WTO 등 국제기구의 관행은 경제 관련 국제법의 형성과 발전에 중요한 영향
③ 국제적으로 인정할 수 있는 품질보증에 대한 기준을 설정하고 국가 간 상호 인정할 수 있도록 국제표준기구(ISO)는 일련의 과정 기준을 제정

3) 세금문제에 따른 위험

① 갑작스런 세법상 변화와 이중과세의 위험
② 대한민국 정부와 러시아연방 정부는 양국 간 경제 · 과학 · 기술 및 문화 협력의 증진을 촉진하고 강화시키기를 희망하고 소득에 대한 조세의 이중과세 회피를 위하여 합의하였다(1995년 8월 24일 발효).

(4) 이해관계의 충돌위험

① 기업의 소유주, 종업원, 고객, 공급자 등이 서로 다른 국적을 가지고 있는데서 오는 이해관계 충돌
② 다국적기업의 기업목표가 관련된 국가들의 이익과 상반되는 경우

2 이질적 환경 하에서 기업경영

① 각 국가별로 기업경영환경이 이질적
② 경영자가 이질적 환경을 제대로 인식하고 대응하지 못할 경우 경영실적 악화

(1) 경영활동 범위의 제한

① 방송 · 교통 · 채굴 · 전기 등 공공사업은 외국기업에게 경영을 맡기지 않는 경우
- 터키 정부는 항공, 해상운송, 보험, 방송 및 정보통신분야에 대한 외국인의 주식참여 비율을 49%로 제한하지만 여타 부문은 국내기업과 동일

② 현지기업 또는 정부와 합작투자가 아닌 단독투자로는 진출할 수 없는 경우

- 인도네시아의 경우 대부분 업종은 외국인 100% 투자를 허용하고 있으나, 특정업종에 대해서는 내국인과 합작조건으로만 투자 허용, 특수 업종으로 금융업종에 속하는 사업은 중앙은행 총재의 허가를 받아야 하며 광산업은 광업부 장관의 허가를 받아야 가능

(2) 이질적 제도

① 금융기관 및 자본시장의 발달 정도가 각 나라마다 다르다.

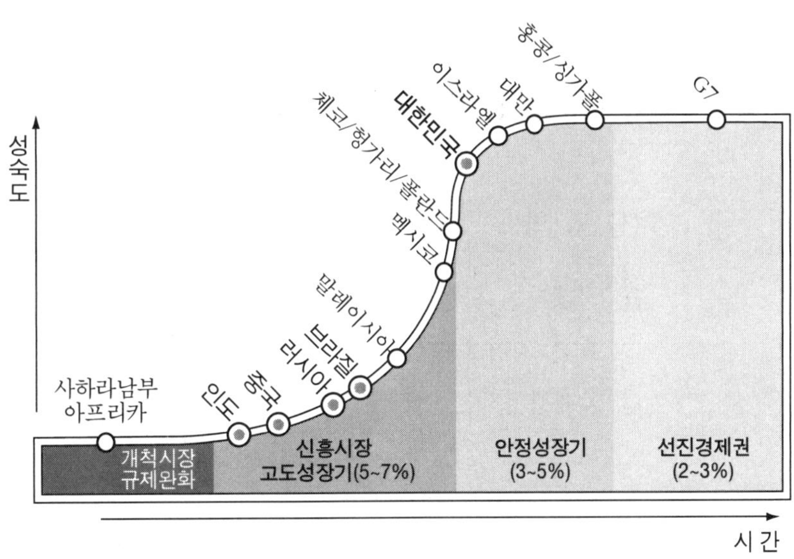

그림 8-1 각 국가별 경제발전단계

② 노동조합은 나라마다 다른 역할을 하고 설립이념도 다를 수 있다.

- 중화인민공화국 노조법 : 외자기업은 기업 내 노동조합의 활동을 적극 지원해야 하며, 규정에 따라 노동조합에 사무실과 시설을 제공하여 업무처리, 회의 및 종업원의 복지 · 문화 · 체육활동에 사용해야 한다.

(3) 문화적 차이

① 국제경영의 모든 면에서 고려해야 하며 국제마케팅 및 인사관리에서 더욱 중요시

② 정보 · 통신의 급속한 발달에 의해 국경을 초월하는 세계적 가치를 중심으로 수렵되고 동시에 세분화 · 특수화되어 가는 추세

③ 성공적인 국제경영을 위해 자신의 문화적 편견을 버리고 문화적 차이를 객관적으로 평가

④ 나아가 문화적 변화도 예측하여 대응

3 국제경영과 국제개발

(1) 의 의

① 국제기업 활동은 많은 경우 한 나라의 경제적 · 사회적 개발에 중요한 영향을 끼침

② 국제경영자는 어느 기업 활동이 자기 기업에 큰 이익을 가져오지만 현지국의 경제적 · 사회적 입장에서는 별로 매력적이지 않을 수 있다는 사실을 인식해야

(예 오염 및 공해산업 등)

③ 국제경영자는 계획하는 기업 활동이 현지국에게 어떤 경제적 · 사회적 혜택과 손실을 가져올 것인지 현지정부에 설명할 수 있어야

④ 현지국 정부에게 경제적 · 사회적 혜택이 손실보다 더 크다는 것을 설득할 수 있어야

⑤ 국제경영자는 경제개발에 대해 전문적이고 상당한 수준의 이해와 경제적 · 사회적 편익/비용 분석기법도 갖추고 있어야

(2) 단계별 기여

농경사회에서는 노동집약 산업이 발달하고, 산업사회에서는 자본집약 산업이 지배하고, 정보화사회에서는 노동과 자본보다 지식과 기술집약적 산업이 우선하는 시대

① 고용과 수출 : 노동집약 산업
② 산업구조 고도화 : 지식과 기술집약 산업
③ 현지화 : 조달, 인력, R & D, 마케팅

(3) 해외진출 규범

① 기본자세
② 올바른 노사관계
③ 사업장 노사협력 분위기 조성
④ 고용증진 및 근로조건 개선
⑤ 산업안전 및 보건중시
⑥ 환경보호
⑦ 근로자 교육훈련
⑧ 인사노무관리 현지화
⑨ 현지사회와의 협조와 융화
⑩ 투자기업 간 협력 강화

(4) 해외진출국 확정

① 시장확대전략은 집중형, 초점형, 기반형으로 구분
② 매력적인 시장이라도 본사국과 거리가 먼 경우에는 오히려 인접한 국가나 본사국과 유사한 국가를 개척하는 것이 유리

1) 집중형

① 대부분 기업들이 본사국과 인접하거나 본사국에 먼저 진출하는 집중형 전략을 선택

② 이후 기업의 국제화 수준이 점차 고도화되면서 진출시장 범위를 서서히 확대

③ 문제점은 인접하다고 반드시 매력적인 시장이 아닐 수도 있으며 다른 경쟁기업이 이미 그 시장을 주도하고 있을 수도 있음

2) 초점형

① 세계적 명성을 얻기 위해서는 특정 국가에 진입하는 것이 필수적

② 거리와 장소에 관계없이 덜 매력적인 시장은 피하고 가장 매력적인 시장에 우선 진출하여 거점을 확보하고 인접국으로 시장을 확대하는 전략

3) 기반형

① 위 두 가지 전략을 혼합한 전략

② 첨단산업의 경우 시장점유율 확대를 통한 경쟁지위 확보가 중요하므로 전략적으로 중요한 미국, 유럽, 일본 등에 우선 진출하고 이후 확대하는 전략

4 국제경영발달에 영향을 미치는 요소

(1) 경제적 상황

소득수준 향상으로 제조품 무역이 증가하고 농산품 등 1차산업의 무역 감소

(2) 기 술

① 시간과 공간의 축소

② 수송혁명 : 컨테이너선 출현, 점보제트기 출현

③ 통신혁명으로 국내외지사와 자회사관리의 차이가 사라짐

④ 교역대상 품목의 변화 : 농수산물에서 제조품으로
⑤ 개발도상국의 교역비중이 증가

(3) 제도적 발전

① IMF, WTO 등 출현으로 재화의 흐름이 촉진됨
② WHO, 바젤협약 등 노동 및 환경관련 제도가 세계생산과 무역, 금융에 영향
③ EU, NAFTA 등 경제통합의 진전으로 세계경제의 블록화에 대처하기 위한 직접투자 증가

(4) 지구적 경쟁의 진전

① 수요의 동질화
② 우루과이라운드 등 나라별 시장개방 노력

> **우루과이라운드**
> 관세 및 무역에 관한 일반 협정(GATT)의 국제주의 이념이 퇴조되면서 나타난 각국 간 무역분쟁의 심화, 지역경제 블록의 형성과 같은 배타적, 폐쇄적 무역 환경을 제거하고, 개방적 자유무역 환경을 조성하기 위해 약 7년 동안 계속되었던 협상으로 1993년 타결

5 최근 국제무역과 해외직접투자 동향

(1) 최근 국제무역 동향

① 제2차 세계대전 이후 1980년 말까지 동서냉전이라는 정치적 틀과 GATT에 의한 자유무역체제라는 두 개의 축을 바탕으로 발전
② 1989년 베를린 장벽의 붕괴 이후 냉전체제가 종지부를 찍고 경제 중심의 국제경제질서가 형성
③ 경제적인 면에서 UR협상의 타결, 유럽연합(EU)의 실현과 북미자유무역협정(NAFTA)의 성립 등 세계무역질서는 변화를 계속

④ 최근 각국의 경제적 이기주의 경향이 더욱 강화되고 있으며
⑤ 세계 각국은 주변 국가들과 상호이익을 증진시키기 위해 다양한 지역협력기구를 발족

(2) 최근 국제무역의 특징

① 개발국 간 무역증가 : 개발국 간 무역이 세계무역의 3/4 차지
② 제조품 무역증가 : 반도체, 운송수단, 전자제품 등
③ 최대 무역국은 개발국들 : 미국, 일본, 독일 등
④ 세계 최대 수출회사들 : 도요다, IBM, 필립스, 바이엘 등
⑤ 국제무역 증가율 〉 국제 GNP 성장률

(3) 두 가지 중요한 패턴

① 과거 식민국과 피식민지 간 투자거래 증가
② 인접국 간 투자거래 증가

(4) 최근 해외직접투자 동향

① 최대 수입국은 개발국 : 미국, 영국, 독일 등
최대 투자국은 개발국 : 미국, 영국, 독일 등
② 세계 해외직접투자는 유입기준으로 1982년 590억 달러에서 2001년에는 7,350억 달러로 10배 이상 증가
③ 1990년대 후반에는 평균 40.1%의 높은 성장세로 GDP나 수출 증가율보다 크게 증가하여 21세기는 투자의 시대를 예고
④ 세계 해외투자 유입의 스톡액은 2001년 현재 6조8,000억 달러로 세계 총 GDP의 21%를 상향
⑤ 해외투자 확대로 다국적기업의 해외자회사가 영위하는 경제활동의 비중이 증가하여 다국적기업의 영업범위가 크게 확대
⑥ 최근 다국적기업의 해외자회사의 매출이 18조5,000억 달러로 세계 전체 GDP의 58%를 기록

⑦ 다국적기업은 새로운 기업을 창출하기보다 기존 기업을 인수하는 경향이 강하며 시장진입과 지배력의 확장에 더 유리하므로 빠른 속도로 시장을 장악

⑧ 해외직접투자를 통해 다국적기업이 증가하고 세력이 더욱 커져 기업의 세계화가 확대되면서 세계시장에서 경쟁이 더욱 커질 것으로 예상

(5) 신흥시장이 세계경제에서 차지하는 비중 증가

① 과거 미국, 일본, 유럽 중심의 세계경제의 축이 지금은 브라질, 러시아, 인도, 중국(BRICS), 나이지리아(산유국) 등으로 빠르게 분산

② 오는 2025년에는 빅6(중국, 인도, 브라질, 러시아, 한국, 멕시코) 국가의 소비자 지출이 G6(미, 영, 프, 독, 이, 일) 국가를 넘어설 것으로 예측

③ 중국은 5억 명이 휴대폰을 사용하는 거대 소비시장으로 부상
인도는 전세계 IT 인력의 25%를 차지
브라질은 전세계 바이오 연료의 40% 이상을 생산
싱가포르, 중국, 중동의 국부펀드들은 세계 M & A 시장을 장악

④ 중국과 아세안 10개 국가의 시장규모(2005년 기준)
- 인구 18억 명
- 국내총생산(GDP) 2조 달러
- 각국의 대외무역 합계 1조 2300억 달러
- 아세안국가와 중국 간 무역액 1,600억 달러

(6) 연대별 투자동향

① 1940, 1950년대 : 석유와 원료, 미국과 영국이 주도

② 1960년대 : 제조와 무역, 대유럽 투자가 주류, 일본과 서구의 투자 증가

③ 1970년대 : 대미투자 증가

④ 1980년대 : 일본의 해외투자 본격화, NICS의 해외투자 증가
⑤ 1990년대 : 대 동남아와 중국투자 본격화, 서남아 투자 증가
외환위기에 따른 아시아국들의 해외투자 유치 노력
⑥ 21세기 : Footless Plant의 증가

제 9 장

국제무역 및 무역규제 환경

1. 무역장벽
2. GATT와 WTO
3. 정치적 위험
4. 문 화

1 무역장벽

① 각국 정부는 관세장벽과 비관세장벽을 통해 수출입의 물량과 가격 등을 조절
② 제2차 세계대전 이후 GATT와 도쿄라운드를 통해 관세율이 보호무역정책으로의 효과가 감소되면서 다양한 비관세장벽이 수입규제 수단으로 이용
③ 관세, 수입할당, 수출자율규제, 비관세장벽 등의 규제수단을 실시

(1) 무역규제의 이유

1) 무역정책의 의미

① 특정 국가의 정부가 무역수지에 영향을 미치기 위해 사용하는 모든 정책
② 자유무역정책과 보호무역정책으로 구분
③ 대다수 국가들이 외견상 자유무역의 원칙을 따르고 있으나 현실적으로는 각종 형태의 무역규제를 실시
④ 자유무역이 바람직하지만 현실에서는 수입규제와 같은 무역정책이 필요한 이유가 존재

2) 무역규제가 필요한 분야

① 식량과 같은 주식생산 산업 : 국가안보를 위해 필요
② 국제경제의 지속적 성장에 중요한 기간산업 : 국제경쟁력을 유지하고 다른 산업과의 연관효과가 크기 때문에 국가경제의 생산 기반을 확충하는데 필요
③ 정부의 규제를 정당화해 온 유치산업보호론 : 정부가 현재는 비교우위가 없으나 미래에 경쟁력을 창출할 가능성이 높은 산업을 보호 육성하기 위해 수입억제가 필요
④ 꼭 필요한 분야를 제외하고는 정부의 무역규제정책이 자국 산업의

경쟁력을 악화시킬 수 있으므로 무조건적인 보호무역은 지양

3) 무역규제의 근거

- 재정수입
- 산업다각화
- 자원의 국제적 이동 촉진
- 국제수지조정
- 저임금
- 유치산업보호
- 교역조건의 개선
- 고용증대
- 정치적 목적
- 소득분배

(2) 관 세

관세는 국경을 통과하는 상품에 부과되는 세금

1) 관세의 종류

① 상품이동에 따라

- 수출세 : 수출품에 부과하는 관세. 국내 희소 물자의 해외 유출을 방지하고 특산품에 대한 재정 수입을 확보하기 위한 것
- 수입세 : 수입품에 매기는 관세로 자국의 산업을 보호하고 자국의 수입을 늘리기 위한 것
- 통과세 : 과거 통과 화물에 대해 부과하던 조세로 현재는 통과 자유의 원칙에 따라 폐지

② 세율의 결정기준에 따라

- 종가세 : 상품가격을 기준으로
- 종량세 : 상품수량을 기준으로
- 혼합세 : 종가세와 종량세를 병용
- 선택세 : 종량세와 종가세 중에서 선택. 주로 높은 쪽 세율 적용

③ 재정관세 : 재정 수입을 늘리기 위해 부과하는 관세. 국내에서 생산되지 않는 커피나 코코아 따위에 부과

④ 보호관세 : 국내 산업을 보호하고 장려하기 위해 수입품에 부과하는 관세

⑤ 관세할당 : 수입 상품에 이중으로 세율을 적용하는 제도. 특정 수입품에 대하여 할당 수량까지는 무관세나 낮은 세율을 적용하고, 그 이상의 양에 대해서는 높은 세율의 관세를 부과

⑥ 탄력관세 : 행정 관청이 필요에 따라 세율을 인상 또는 인하할 수 있는 관세. 덤핑 방지 관세 따위

2) 수입관세의 경제효과

① 관세 부과로 수입품의 가격을 올려 국내 산업을 보호

② 정부의 재정수입이 창출

③ 수입품과 경쟁하는 산업에는 도움을 주지만 경쟁 약화로 효율성이 하락하고 수입품 가격의 상승으로 소비자는 불이익

(3) 수입할당제

① 가장 간단하고 직접적인 비관세 무역장벽으로 일정 기간 특정 상품의 수입에 대해 수량제한을 가하는 것

② 실시 이유 : 수입을 제한하여 외국과의 경쟁에서 자국 산업을 보호하고 국제수지를 개선하자는 것

③ 관세 : 가격상승을 통해 무역을 제한
수입할당 : 수입상품의 수량을 직접 규제하므로 효과가 확실하고 절대적. 관세보다 신축적으로 운용

④ 관세율 할당제 활용

- 우루과이라운드 등을 통한 무역협정의 결과로 오늘날 많은 나라들은 단순히 수입물량을 제한하는 할당제 대신 관세율 할당제 활용
- 특정 상품의 수입에 대해 일정량까지는 낮은 관세율을 적용하나 이를 초과하는 경우 고율관세를 적용하는 것
- 수입할당으로 가장 손해를 보는 집단은 제품의 선택에 제한을 받고 상품가격상승을 감수해야 하는 소비자

(4) 수출자율규제

① 수출국이 수입국과의 협의에 의해 수출물량을 자발적으로 제한하는 것
② 효과는 할당제와 유사하지만 중요한 차이점은 쿼터의 관리를 수출국의 정부가 책임지고 있다는 것
③ 공정한 신사협정으로 보이지만 수출국이 이 방식을 수용하지 않을 경우 수출국에 무역제한조치를 취하겠다는 묵시적인 위협 하에 수입국이 제한하는 규제
- 이러한 수출규제는 협상을 가장한 수입할당
- 이와 유사한 형태로 시장질서협정이 있는데 수출국이 수입을 통한 시장교란을 방지하기 위해 상호간 협정에 따라 수출을 자율적으로 규제하는 조치

(5) 그 외 비관세장벽

① 제2차 대전 이후 다자간 협상에 힘입어 관세 및 수입할당의 사용은 감소한 반면 이를 우회하여 자국 산업을 보호하기 위한 다양한 형태의 비관세장벽이 사용
② 어떤 비관세장벽은 합법적인 국내 공공정책의 이유로 적용되지만 결과적으로 무역을 제한하는 효과발생
③ 비관세장벽에는 엄격한 검사기준이나 까다로운 통관절차를 설정하여 사실상 수입을 불가능하게 하는 기술적·행정적인 조치
④ 제품의 일부분이 국내에서 생산되도록 요구하는 현지부품조달요구, 차별적 정부구매, 수출보조금 지급, 수출금융 등 수출장려적인 비관세장벽에까지 다양
⑤ 비관세장벽의 종류
- 국산품 구매우선 : 원산지규정을 이용한 부품의 국산화율 요건의 설정과 국내공급자에 대한 가격우대 특혜 부여 등의 수단을 주로 사용

- 수입담보금 : 수입을 승인할 때 수입업자로 하여금 수입신청액의 일정비율을 외국환은행에 적립하는데 필요한 금액
- 수출입면허제도
- 표준과 기준
- 통관지연 및 통관절차
- 수량자율규제
- 기술규제, 환경규제
- 원산지규정 등

(6) 나라별 장벽

1) 미 국

① 무역법 301조 : 미국의 무역상대국 정부가 미국에 대해 불공정무역관행을 실시하거나 불리한 경제정책을 채택하거나 부당한 법률을 적용하는 경우, 이에 능동적으로 대응하기 위해 미국 대통령에게 기존무역협정의 정지 및 파기, 무역협상 추진, 관세율 인상, 수입제한, 보복조치 단행 등 여러 가지 교역상의 보복조치를 취할 수 있도록 광범위한 재량권을 부여하고 있는 법률적 조항

② 수퍼 301조 : 미국에 대하여 불공정무역관행을 제거하기 위하여 우선적으로 추진할 국가와 관행을 지정하는 조항을 의미

③ 스페셜 301조 : 미국 업체의 지적재산권을 보호하기 위한 특별법으로 외국 교역국이 미국 업체의 지적재산권을 침해했을 경우 이를 보호하기 위한 특별조항으로 협상대상국 지정 및 제재권 발동을 규정

2) 일본 : 제도적 장벽

① 일본의 유통 시스템은 길고 복잡하고 생산자에서 최종소비자에 이르기까지 길며 다단계로 형성

② 도매업자가 과다하게 많고 도소매업자는 영세한 소규모 사업자가 대부분

③ 일본의 거래관행은 보통 유통계열화, 차별적 리베이트제, 반품제, 희망소매가격제, 파견점원제, 그룹 내 거래와 하청거래 등

④ 사례

일본에 기계와 산업부품을 수출하려는 업체는 국제적으로 공인된 인증을 받았지만 일본 바이어가 JIS(Japanese Industrial Standard) 인증을 요구하여 수출을 포기, JIS 인증을 취득하기에는 100~200만 엔이 들고 1년 이상 기간이 소요

3) 유럽 : 통합

① 유럽연합동맹체(EU)

② 유해물질사용금지지침, 신화학물질관리제도 등 새로운 환경규제들을 지속적으로 발효

(7) 국제규제제도의 불비

① 한 국가 내에서는 대법원이 최종적으로 옳고 그름을 판단

② 기업활동의 지구화에도 불구하고 기업활동을 규제하는 세계적 차원의 법 없음

③ 국제법의 수용도 개발국에 국한되는 경향

④ 결국 다국적기업은 각국의 법에 적응되어야

⑤ 헤이그에 국제사법재판소가 있으나 기능미미

⑥ 국제 간 관계는 우선 우호통상조약에 의해 규제됨

2 GATT와 WTO

(1) GATT(the General Agreement on Tariffs and Trade)

1) 의 의

① 세계 각국의 정부조달업무 진행과정에서의 차별행위 등 각종 관행을 규제하고 국제 조달시장의 자유화를 촉진시키기 위해

② 관세장벽과 수출입 제한을 제거하고 국제무역과 물자교류를 증진시키기 위해

2) 설 립

① 1947년 제네바에서 미국을 비롯한 23개국이 조인한 국제적인 무역협정으로 제네바관세협정이라 부름

② 1993년 현재 정회원국수는 116개국이며, 한국은 1967년 4월 1일부터 정회원국

3) 국제무역의 확대를 위해 가맹국 간 협정내용

① 회원국 상호간의 다각적 교섭으로 관세율을 인하하고 회원국끼리는 최혜국대우를 베풀어 관세의 차별대우를 제거한다.

② 기존 특혜 관세제도(영연방 특혜)는 인정한다.

③ 수출입 제한은 원칙적으로 폐지한다.

④ 수출입 절차와 대금지불의 차별대우를 하지 않는다.

⑤ 수출을 늘리기 위한 여하한 보조금의 지급도 이를 금지한다.

4) 주요 협상

Kennedy Round : 다자간 협상, 일괄협상

① Tokyo Round : 비관세장벽 제거노력

② Urguay Round : 상품 이외의 농산물, 서비스, 지적소유권, 해외투자 등 포함

③ New Round : 21세기 첫 라운드

(2) WTO(World Trade Organization)

1) 의 의

① 회원국들 사이의 무역관계를 정의하는 많은 수의 협정을 관리 감독하기 위한 기구
② 1947년 시작된 관세 및 무역에 관한 GATT 체제를 대체하기 위해 등장
③ 세계 무역장벽을 감소 또는 소멸시키기 위한 목적으로 국가 간 무역을 보다 부드럽고 자유롭게 보장

2) 설 립

① 본부는 스위스 제네바에 있고 2007년 7월 현재 151개 회원국이 있으며 대부분 국가는 개발도상국
② 모든 회원국은 "무조건 최혜국대우 공여원칙"의 의무로 갖는데 하나의 회원국이 받는 특권이 모든 국가에게도 적용되어야 한다는 것을 의미

3) 기본 원칙

① 무역장벽을 낮추고 무역협상의 기반을 제공하여 부드럽고 자유로운 무역을 지원하는 것
② 회원국들 사이에 분쟁이 일어날 경우 이를 조정하는 역할을 수행
③ 주요한 목적은 상품 및 서비스 생산자, 수출입자 등을 돕는 것

4) 무역체계의 원칙

① 무역체계는 차별이 없어야 한다.
국가는 다른 국가에 대해 우월적 권리를 행사하거나, 외국 상품이나 서비스를 차별해서는 안 된다.
② 무역체계는 자유로워야 한다.
관세나 비관세나 최소한의 무역장벽을 유지해야 한다.

③ 무역체계는 예상할 수 있어야 한다.
외국기업이나 정부는 무역장벽이 갑자기 높아지지 않는다는 것과 시장은 그대로 열려 있을 것을 보장받아야 한다.

④ 무역체계는 보다 경쟁적이 되어야 한다.

⑤ 무역체계는 후진국들을 고려해야 한다.
유예기간, 유연성, 권리 등을 보장해줘야 한다.

(3) WTO와 GATT의 비교

① GATT
- 협정체제라는 한계에 봉착하고
- 공산품이라는 범위의 한계
- 작은 범위의 협정수준
- 강제력이 없기 때문에 반드시 지킬 의무가 없음

② WTO
- UR을 통해 모든 물품(상품, 서비스, 지적소유권 등)의 범위
- 강제력을 가진 국제기구
- 국가 간 관세 등 위협의 내용을 어겼을 경우 WTO에 제소하여 법적 대응
- GATT보다 더욱 강력한 자유무역을 하기 위해 설립

③ GATT는 단순한 협정에 불과하지만 WTO는 국제무역기구로서 큰 영향력

④ WTO의 출발이 OECD로부터 시작되어 막강한 힘을 보유

3 정치적 위험

(1) 주요 환경요인

① 정치이념 및 체제
② 정당과 행동 양태
③ 정치적 안정성
④ 국제관계
⑤ 법체계 및 각종 규제 - 미국의 Antitrust Law

(2) 정치적 위험

1) 정치적 위험의 원천

① 정치이념의 변화
② 사회불안과 무질서
③ 현지기업의 이해관계
④ 정치적 독립
⑤ 무력균형, 내란 및 테러
⑥ 국제동맹

2) 정치적 위험을 야기시키는 집단

① 정부 및 여당
② 야당 및 공통이해집단
③ 외국정부

3) 정치적 위험의 구체적 형태

① 몰수
② 수용
③ 운영 및 협정의 파산
④ 세금 등에서의 차별

⑤ 재산 및 인명에의 손상

4) 정치적 위험의 종류

① 거시위험과 미시위험

② 산업별 정치적인 위험

- 정치적 위험이 큰 산업 : 석유 및 광업 등 1차산업, 금융산업, 전기 및 운송, 전화 등 공공산업
- 정치적 위험이 작은 산업 : 기술집약적 2차산업

③ 미시위험에 영향을 주는 변수

- 특정산업의 중요성과 외국인의 지배정도
- 현지인의 운영능력

(3) 해외투자의 정치적 위험을 평가하는 의사결정 과정

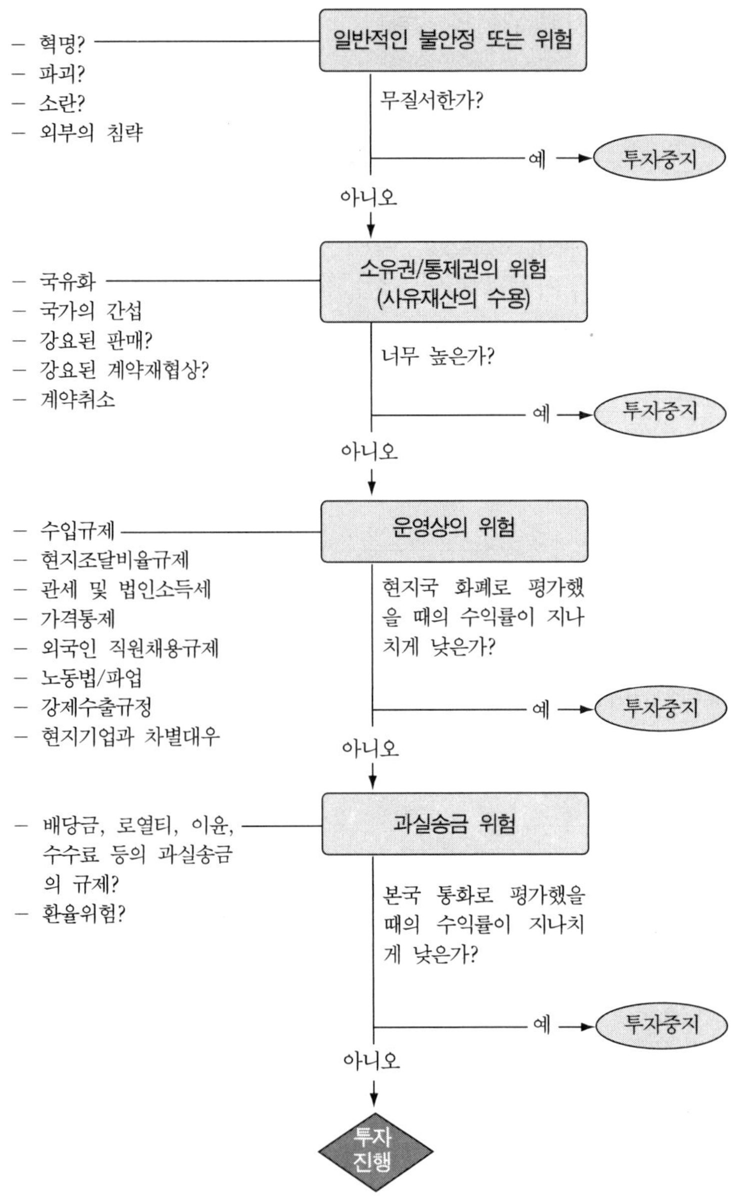

4 문 화

(1) 문화의 의의

1) 정 의

① 문화는 한 민족의 행동을 규제하는 사회적 규범과 반응의 집합
② 한 그룹의 구성원과 다른 구성원을 구별하는 정신의 집단적 프로그래밍
③ 학습되고 공유되며 강제적이고 상호 연관된 상징들의 집합체로서 사회의 구성원들에게 일련의 방향성을 제시하는 의미

2) 의 미

① 언어 : 인식의 단위
② 행동강령 또는 규범 : 허락할 수 있는 행동의 규범
③ 행동강령의 우선순위 : 가치체계
④ 합법화 또는 정당화의 근거

(2) 공통의 특성

1) 문화는 사람들에 의해 학습되는 것

① 선천적인 것이 아니라 성장하면서 소속되어 있는 사회로부터 학습을 통해 습득되고 다음 세대로 전수
② 후천적인 학습이므로 국제기업의 경영자는 학습을 통해 문화적 차이를 극복하고 타문화에 적응할 수 있어야 함

2) 문화는 서로 연관되어 있는 많은 상이한 부문들로 구성

① 종교, 결혼, 사업, 사회적 지위 등과 같이 문화의 한 부분은 다른 부분과 깊이 연관
② 한 사람의 사회적 지위는 그 사람이 사용하는 언어에 영향을 미침
③ 한 개인의 문화적 사고방식은 행동의 우연한 집합이 아니고 모든

조각들이 서로 얽혀 있는 퍼즐게임과 같은 것

3) 문화는 그 사회의 구성원들인 개인들에 의해 공유

문화적 가치관과 규범은 문화집단의 다른 구성원에 의해 개인에게 전해지고 집단구성원 모두로부터 수용

(3) 문화와 국제경영

① 한 국가의 경영체계는 전통문화의 함수
다른 나라 경영체계의 모방에 대한 규약조건과 비교경영학의 주요 시각

② 문화적 차이는 국제경영의 모든 면에서 고려되어야
국제마케팅과 인사관리에서 중요시

③ 세 가지 차원에서 문화적 차이에의 적응이 필요
제품의 적응, 개인적 적응, 제도적 적응

④ 문화는 일반문화, 경영문화, 기업문화로 나누어 생각
국제합작이나 콘소시엄이 성공하려면 기업 간 공통된 이해의 영역을 확대하는 것이 필요

⑤ 성공적인 국제경영을 위해 자신의 문화적 편견을 제거함으로써 문화적 차이를 객관적으로 평가해야 하고 문화적 변화도 예측할 수 있어야

⑥ 문화적 차이를 부분적으로 평가하는데 중요한 문화적 측면으로는 일과 일의 성취에 대한 태도, 미래에 대한 태도, 의사결정의 기능, 권한에 대한 태도, 가족에 대한 의무, 사회구조 등

(4) 동서양 문화비교

1) 기본자세

	서 양	동 양
표준	목표	최소한도
위험	회피	기회
변화	불확실성	기회
조직	사리	가족
수익	단기극대	장기
구성원의 목표	다름	일치
조직 내 관계	적대적	조화
대 근로자 자세	소모품	자산
의사결정	분석적	분석 & 경험

2) 경영전략

	서 양	동 양
수립방법	수립과 이행분리	불가분
기술	경영자와 기술이 주인 근로자 하인	모든 사람이 경영자 기술이 하인
규모	대가 좋은	대기업도 소로 운영
지리적 시야	국내	해외
혁신	돌파	카이젠

3) 인사관리

	서 양	동 양
근로자	비용	자산
근로자 관리	관리대상	자율
고용안정	성과에 따라	고용안정, 위험과 성과 공유
분업	철저	멀티펑션
혁신	경영자, 기술자	모든 구성원
평가훈련	제한적	계속적

4) 조 직

	서 양	동 양
구조	직능	팀
계급	엄격	기업내외 불분명
커뮤니케이션	Topdown	상하, 하상, 수평
리더십	전문가	기업문화 고취
임금	격차	위험, 이익분배

5) 경영시스템

	서 양	동 양
기본방향	집권적, 재무적	분권적, 전략적
평가	복잡, 비밀	목표공동설정 정보공개
관리	재무	질, 혁신, 고객 서비스 등 장기시야
권한	집중	위양

6) 품질관리

미 국	일 본
양	질
사후	사전
개인책임	팀책임
근로자 책임	경영자 책임
제품수준	부품수준
Acceptable	Perfect
표준은 목표	표준은 최소
좋은 제품, 높은 가격	높은 품질, 낮은 가격
근로자는 바보	근로자는 영리
근로자는 부하	파트너
전문화	Job enlargement & Enrichment
검사인 검사	작업자 검사

제 10 장

종합상사와 다국적기업

1. 다국적기업
2. 다국적기업의 경영전략
3. 다국적기업의 해외투자요인
4. 종합상사
5. 다국적기업과 종합상사의 비교

- 대부분 기업들은 단계적으로 해외시장에 진입
- 특정국에 대규모 직접투자를 하기 전에 우선 수출을 통해 그 나라에 진출하는 것이 일반적
- 수출을 통해 현지시장을 충분히 파악한 후 직접투자를 하는 것이 위험 감소
- 해외시장으로 진출하는 방법을 장기적인 관점에서 분류 검토하고 필요한 경우 단계별 전략을 수립하는 것이 바람직

1 다국적기업

(1) 의 미

① 오늘날 세계경제 및 국제무역에서 다국적기업이 차지하는 비중이 갈수록 증가

② 최근 국내기업을 포함하여 개발도상국 기업들까지도 다국화를 통해 기업성장을 추구하고 있어 앞으로 비중이 더욱 증가할 것으로 전망

③ 국내기업의 경우 국내와 해외에서 다국적기업과 경쟁할 경우가 많아질 것이므로 다국적기업에 대한 연구가 필요

④ 다국적기업의 경영전략은 국내기업의 국제화전략의 수립에 많은 참고

(2) 국제화 과정

① 국내생산품을 해외에 판매하는 수출단계

② 해외에서 제품을 생산하고 판매하기 위한 기술수출 및 해외직접투자단계

③ 다국적기업의 단계

1) 수출단계

국내 판매단계의 기업은 시간이 흐르면서 규모가 커지고 국내수요의 침체와 한계로 과잉생산품이나 유휴생산시설이 발생

① 기업은 수출을 통해 과잉생산품을 처분하거나 유휴생산시설을 완전 가동하여 간접비의 흡수 등 원가절감이 가능

② 시장규모나 경쟁조건에서 국내보다 해외시장이 유리한 경우 수출을 통해 보다 높은 성장과 이익을 실현

③ 수출을 시작하여 국제화단계의 첫 단계라 할 수 있는 수출단계의 기업으로 성장

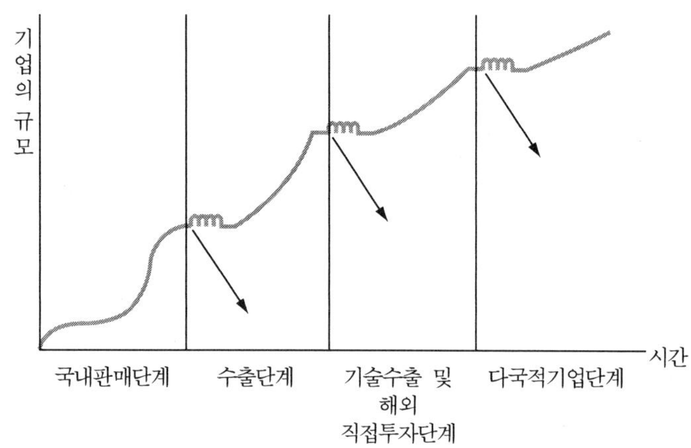

그림 10-1 기업의 국제화 과정

2) 해외직접투자 단계

수출단계의 기업의 경우 여러 가지 환경의 변화로 인해 많은 시련에 봉착

① 수입국정부가 수입금지 등 수입제한조치를 강화하거나, 더 이상 수출하는 것이 불가능하거나, 현지국기업과의 경쟁에서 불리한 입장

② 국내생산비 증가로 인해 기업의 수출경쟁력이 약화되어 수출채산성이 하락

③ 이를 극복하기 위해 수출시장이나 제품의 다양화 전략을 수립할 수

있지만 수입국에서 제품을 생산하여 현지에 판매하는 해외직접투자전략이나 기술을 수출

3) 다국적기업 단계

해외직접투자는 자본, 인력, 기술 등 기업자본이 해외에 투입되어야 하므로 해외에서 기업위험도 증가

① 한번 해외직접투자에 성공한 기업은 경험을 바탕으로 필요한 경우 여러 나라에 직접투자를 시도
② 본국에 있는 모회사는 여러 나라에 진출해 있는 해외자회사를 총괄경영
③ 다수의 해외자회사가 각각 진출해 있는 특정국의 범위 내에서 경영을 한다면 경영상 비효율성이 발생
④ 경영자는 종합적인 경영성과를 극대화하기 위해 범세계적인 경영전략을 추구하여 다국적기업 단계로 발전

(3) 다국적기업의 개념

1) 다국적기업과 유사한 용어

① 국제기업(international firm)
② 범국적기업(transnational firm)
③ 초국적기업(supranational firm)
④ 세계기업(global corporation)
⑤ 무국적기업(stateless corporation)
⑥ 우주기업(cosmocorp)

2) 다국적기업의 정의

① 다국적기업은 구조적기준(기업활동을 하는 국가의 수, 국가별 주주, 최고경영층 구성의 다양성 등), 성과척도(종업원, 자산, 판매액, 이익의 제측면에서 국제화를 이룩한 정도), 최고경영층의 행동양태 면에서의 특징(경영자의 국제적 안목이나 사고방식 등)과 같

은 여러 가지 기준이 다양하게 결합되어 정의

② 다국적기업은 범세계적인 경영기회에 대응하여 여러 나라에 진출해 있는 관계기업을 통해 해외생산 및 마케팅 등을 광범위한 국제경영활동에 참여하며 기업전체의 통합적 경영성과를 극대화하기 위해 국가라는 범주를 초월하여 경영전략을 수립하고 시행하는 기업

3) 모기업과 관계기업의 관계

① 모기업과 관계기업이 상호 유기적인 관련을 갖고 있는 조직체로서 전체적으로 하나의 시스템을 형성

② 모기업은 다국적기업의 의사결정 중심점의 역할을 담당

③ 모기업 경영자

- 시스템 전체의 총합적 경영성과를 극대화하기 위해 제품판매의 목표시장, 진출국가 및 진출형태, 국가별로 생산해야 할 제품 믹스 등을 종합적으로 고려
- 모기업과 관계회사의 목표설정 및 경영계획의 수립 및 관계회사의 경영활동 통제

④ 모기업과 관계기업 상호간에는 제품의 생산, 마케팅, 재무, 연구, 개발 등 경영활동의 모든 면에서 상호 유기적인 협조

⑤ 다국적 시스템 내에는 제품뿐만 아니라 자본, 기술, 경영 등 생산요소의 국제적 흐름이 많아짐

2 다국적기업의 경영전략

(1) 국제화 단계별 경영전략의 차이

1) 수출단계의 경영전략

재화와 용역의 국제적 이동인 무역이라는 측면만 주로 고려되지만 생산요소(자본, 기술, 경영) 및 기업자체인 국제적 이동방법은 경영전략에서 제외된 전략

2) 해외생산단계

① 주로 양국적 전략에 한정

② 본사의 경영자가 특정국을 하나의 고립된 제품시장, 생산기지 또는 자본시장으로 파악하여 보다 높은 효율성에 도달할 수 있는 잠재적 가능성을 도외시한 경영전략

③ 예를 들어 제3국 시장에 대한 판매전략은 고려하지 않고 특정국 시장만을 현지에서 공급하기 위해 해외에 직접 투자하는 경우

④ 관세 비관세장벽 등 각종 수입제한조치를 통한 각국 정부의 자국시장 과잉보호정책으로 이러한 경영전략은 1950년까지 주류를 이룸

3) 다국적기업의 경영전략

① 특 징

가장 뚜렷한 특징은 시스템 전체의 총합적 경영성과를 높이기 위해 경영관리의 측면에서 시스템 통합전략을 전개

② 경영자

- 모기업이나 관계기업이 위치해 있는 특정국을 하나의 분리된 제품시장, 자본 및 금융시장 또는 생산이나 연구 개발의 기지가 아니라 보다 넓은 테두리의 일부분으로 파악
- 시스템 전체의 효율성을 제고시키기 위해 모기업과 관계기업의

경영전략을 상호 조정하고 통합

- 생산 및 마케팅 면에서 시스템 통합전략을 추구하기 위해 우선 기업제품들에 대한 시장이 어디에 존재하는지 파악한 후 목표시장을 선정
- 제품의 제조비용 · 보관 · 취급 · 수송을 위한 물류비용, 각국의 수입제한조치 등 기업환경을 분석하여 가장 유리하게 공급할 수 있는 나라를 생산기지로 선정
- 모기업과 현지기업은 제품생산에서 국제적 전문화와 규모의 경제를 달성하여 품질이나 원가 측면에서 유리한 입장에서 제품을 생산
- 마케팅 면에서 시스템 전체의 효율성을 높이기 위해 모기업과 현지기업이 세계시장을 몇 개의 세부시장으로 나누어 담당하는 시장지역을 조정

③ 기업 내 국제무역

- 모기업이나 현지기업이 각각 담당하고 있는 시장지역에서 마케팅하기 위해서는 각자 생산하고 있는 제품 이외에 모기업이나 다른 현지기업이 생산하고 있는 제품을 수입해야
- 따라서 다국적기업의 모기업과 현지기업들 사이에는 상호 많은 국제거래가 발생
- 이러한 국제거래는 다국적기업 내에서는 기업 내 거래에 불과하지만 해당국가에게는 수출이나 수입으로 기록

④ 시스템 통합전략 추구

- 다국적기업은 제품생산에 있어 국제적인 수직적 통합전략을 추구하므로 완제품뿐만 아니라 원료 · 중간재 · 부분품의 기업 내 국제무역이 증가
- 다국적기업은 경쟁적인 지위를 강화하기 위해 완제품의 생산뿐만 아니라 이에 소요되는 원료 · 중간재 · 부분품 등의 생산도 함께 수직적 통합전략을 추진
- 국제적 전문화와 규모의 경제를 달성하기 위해 원료 · 중간재 ·

부분품의 종류별로 최적 생산입지에 위치해 있는 모기업이나 현지기업이 생산을 분담하는 수직적 통합전략을 국제적으로 전개

- 다국적기업은 모기업과 현지기업들 사이에 국제무역 뿐만 아니라 자금 · 기술 · 용역의 국제적 거래도 시도
- 다국적기업의 경영자가 기업경영의 측면에서 시스템 통합전략을 추구하면 할수록 기업 내 국제무역은 더욱 증가

(2) 다국적기업의 경영전략 유형

1) 경쟁전략의 목표

① 지구적 효율성(global efficiency)

② 국가별 융통성(multinational flexibility)

③ 범세계적 학습(worldwide learning)

2) 경쟁우위의 강화방안

① 국가별 차이(national differences)

② 규모의 경제(scale economics)

기업이 생산시설의 규모를 늘려 나감에 따라 생산비는 점점 감소하고 생산성이 증가되는 현상, 선발자가 갖는 진입장벽 이점의 근원

③ 범위의 경제(scope economies)

단일 운영단위의 생산설비와 공정들을 이용하여 상품과 서비스를 더 다양하게 생산함으로써 얻는 평균비용과 한계비용의 절감, 산업의 포화와 성숙이 진행됨에 따라 범위의 경제의 중요성이 커짐

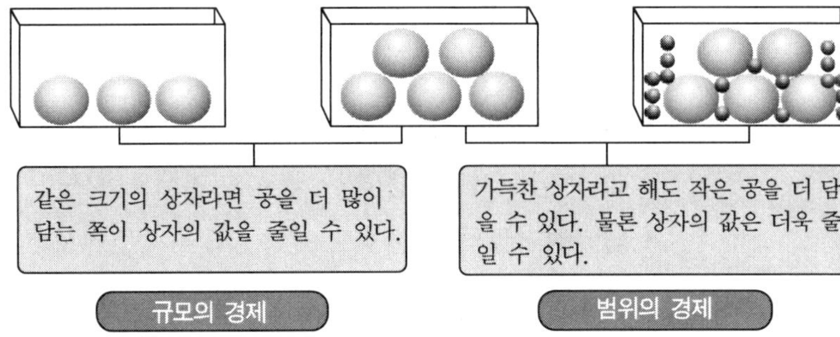

그림 10-2 규모의 경제와 범위의 경제

(3) 다개국적전략, 국제적전략, 지구적전략, 범국가적전략의 차이

	다개국적전략 (Multinational Strategy)	국제적전략 (International Strategy)	지구적전략 (Global Strategy)	범국가적전략 (Transnational Strategy)
전략적 초점	강력하고 기업가적인 국가별 활동을 통한 융통성과 차별화 확보	세계적인 확산과 적응을 통한 모기업의 지적재산활용	집중적이고 세계적 규모의 운영을 통한 비용우위의 확보	지구적 효율성, 국가별 융통성 및 범세계적 학습능력을 동시에 추구
자산과 능력의 배치	국가별로 자급자족적이며 분권적임	핵심능력의 원천을 제외하고는 분권화 함	범세계적 규모를 추구하며 집권화 함	분산, 전문화시켜 네트워크화 함

3 다국적기업의 해외투자요인

(1) 미국 다국적기업

① 1950년대 후반 이후 미국기업은 국내이윤이 감소하는 경향을 나타내는 반면 해외에서 얻는 이윤은 안정되거나 상승 추세를 보임

② 유럽주공동체(ECC)가 형성되어 역외관세로 차별정책을 구사하자 적극적으로 대응책을 전개하는 방법으로 유럽지역에 현지법인을 설립하여 해결

③ 미국 내 독과점금지법의 시행이 기업의 확대나 이윤추구에 제한을 받자 미국 대기업이 해외에 눈을 돌리게 되고 해외투자활동을 가속화하면서 제약을 받지 않고 이윤을 자유로이 추구
④ 세금도피지역이나 이중관세방지의 혜택을 이용하기 위해 미국기업들은 해외에서 수익을 보장받기 위해 해외진출을 가속화

(2) 일본 다국적기업

① 개발도상국은 보통 공업제품의 수입을 억제하고 허가하더라도 고율의 수입관세를 부과하므로, 일본은 제품수출의 장애를 극복하기 위해 기업의 해외진출을 시도하여 일본제품에 대한 수출시장을 유지하고 확대
② 공동시장의 지역에서는 역내관세가 철폐되고 대외공동관세가 설정되는 것이 일반적이므로, 과거 상품수출시장에 공동시장이 결성되면 수입품을 대신하여 역내상품이 대치되는 경향이 생겨 일본기업이 많은 수출시장을 상실, 따라서 공동시장의 내부에 기업이 진출하여 역내생산을 하여 종래의 수출시장을 확보
③ 저임금과 풍부한 노동력을 이용하여 개발도상국으로 기업진출을 꾀하고 더 많은 기업이윤을 추구하기 위해
④ 현지의 특화된 자본과 경영능력을 활용하기 위해
⑤ 해외로 진출한 기업은 해외에서 생산과 판매의 중심축을 이룰 수 있으며 다시 제3국으로 제품을 재수출할 수 있는 전진기지를 마련하기 위해
⑥ 일본 국내의 잉여나 유휴설비, 일본 내에서 낙후되었으나 개발도상국에서는 이용 가능한 기술 등을 해외에 이동시켜 활용하기 위해
⑦ 상품수출이 어떤 장애요인에 의해 막힌다 하더라도 기업진출에 의해 해외시장에서 브랜드 유지를 위해
⑧ 해외로 진출한 기업이 일본의 플랜트, 중기, 기자재, 부품, 재료 등의 수출시장 확대에 커다란 역할을 해주기 때문

⑨ 자원개발을 목적으로 진출하는 경우 자국에게 장기적으로 품질이 우량하고 가격이 저렴한 원료를 수입하게 해줄 수 있기 때문

(3) 한국 다국적기업

① 기존의 시장과 판매망을 유지하면서 제3국 현지에 진출하여 새로운 수출시장을 개척하기 위해

② 생산성에 비해 생산요소 가격이 상대적으로 저렴한 지역에 진출하여 생산비의 절감을 가져오기 위해
- 중남미 카리브해 연안 국가에 대한 섬유, 봉제업 진출
- 필리핀, 인도네시아, 태국, 베트남 등 동남아시아에 섬유, 신발업 진출

③ 각종 생산원료가 풍부하고 저렴한 지역을 찾아 투자함으로서 생산물을 현지수요에 충당하고, 제3국에 재수출하기 위해

④ 외국의 선진기술이나 경영관리비법을 습득하기 위해
- 삼성전자, LG전자, 현대전자 등이 반도체 및 컴퓨터 생산에 필요한 첨단기술 획득을 목적으로 미국 캘리포니아주 실리콘밸리에 현지법인을 설립

⑤ 미국은 사기업에 대해 대체로 간섭을 하지 않기 때문에 현지법인을 설립 또는 인수하는데 어려움이 없기 때문

⑥ 공산품 수출에 대한 현지국들의 무역장벽을 회피하기 위해

⑦ 국제경영활동에 대한 우리 기업들의 경험이 축적되어 해외진출 능력이 향상되었기 때문

⑧ 국내의 금리인상과 지대 및 임금상승에 따른 국내투자환경의 악화와 해외투자촉진을 위한 해외투자제도가 대폭적으로 개선되었기 때문

4 종합상사

(1) 정 의

① 식료품에서 중공업제품에 이르기까지 다양한 상품을 취급하며, 수출입 업무뿐만 아니라 국내유통과 자원개발 등에도 참여하는 종합적 기능을 가진 기업
② 한국과 일본에만 있는 독특한 기업형태로 한국의 종합상사는 수출진흥을 목적으로 특정기업의 제품만이 아닌 각 기업의 각종 제품을 차별 없이 취급하여 수출
③ 일본에서는 거대한 기업 콘체른에 속하는 상사로서 산하 계열기업의 원자재를 구입하고 생산제품 판매를 주요 업무로 하여 발달
④ 일본에는 미쓰이, 미쓰비시, 이토추, 닛쇼이와이, 마루베니, 스미토모 등의 대표적인 종합상사
⑤ 한국의 종합상사(General Trading Company)는 박정희 대통령의 수출진흥 정책의 일환으로 1975년 처음 도입되어 삼성물산, 현대종합상사, LG상사, 대우인터내셔널, SK글로벌 등
⑥ 일본의 종합상사는 거대한 자본력, 우수한 인적자원, 세계적인 거래망을 토대로 전세계에 걸쳐 다종다양한 상품의 국제무역과 관련된 다국적인 기능을 수행
⑦ 일본의 종합상사는 국제무역의 대상품목, 지역, 기능면에서 매우 다양화된 대규모의 무역상사
⑧ 일본의 종합상사는 수출의 증대, 해외원자재의 개발수입 등 효율적인 수입활동 등을 통해 일본경제의 고도성장에 기여

(2) 기 능

① 거래기능
② 금융기능

③ 정보기능
④ 재고 및 운송기능
⑤ 시장개척기능
⑥ 위험부담기능
⑦ 개발기능
⑧ Organizer 기능
⑨ 가공생산기능

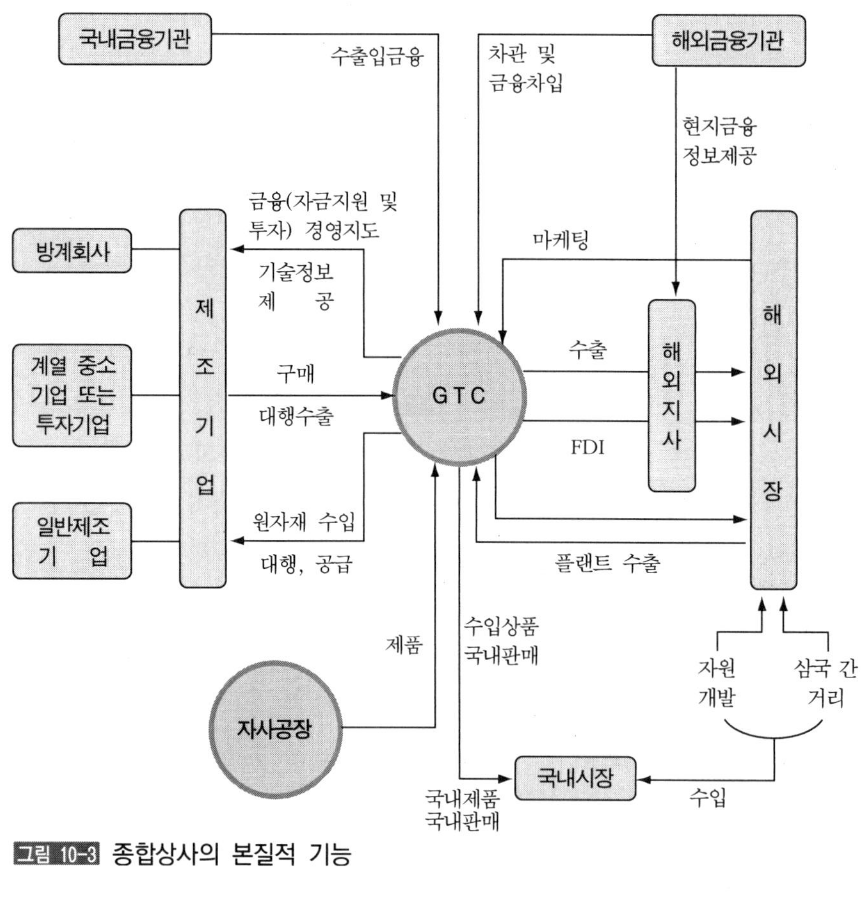

그림 10-3 종합상사의 본질적 기능

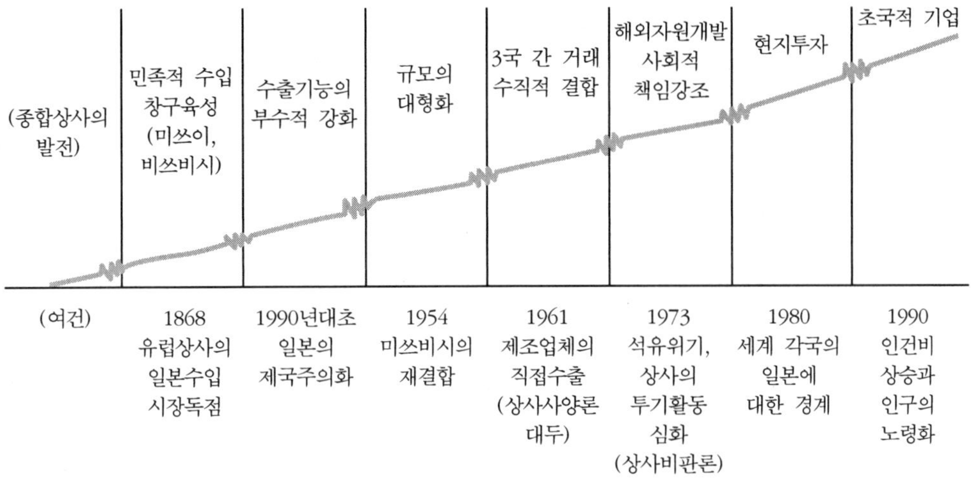

그림 10-4 일본 종합상사의 발전과정

(3) 육성의 필요성

① 일본의 성공사례에 자극받아 한국정부는 기존의 수출기업 특히 재벌그룹의 대표적인 수출기업들을 일본 종합상사와 같은 체제로 유도

② 국가적으로 종합상사의 육성이 필요한 이론적 근거는 범위의 경제

③ 각기 다른 기업이 각각 특정국에 별도 거래망과 정보망을 갖고 있는 것을 대규모 종합상사가 이를 통합하여 유기적인 거래망과 정보망을 구축하면 더욱 효율적

④ 특정상품을 대량으로 취급할 수 있기 때문에 국제마케팅에서 규모의 경제로 인해 시장정보 및 마케팅 커뮤니케이션 비용과 인건비에서 절약 가능

⑤ 종합상사는 다양한 취급상품, 거래지역의 다변화, 기능의 다각화로 인해 국제무역에 따른 위험을 분산시킬 수 있어 보다 안정적으로 수출증대를 추진

⑥ 다만 소수의 종합상사가 한 나라의 국제무역기능을 독과점적으로 지배하게 되면 무역상사 간 공정한 경쟁을 저해하여 경제적 비효

율성을 야기

⑦ 또한 경제적 비효율성을 야기하며 부의 공정한 분배 및 사회적 공정성도 손상받을 수 있음

5 다국적기업과 종합상사의 비교

		다국적기업	종합상사
1	주요 활동	해외직접투자	무역
2	성장전략	흡수합병	기업집단형성
3	조직전략	사업부제	기능별조직 및 조화
4	인사전략	단기고용, 능력주의	종신고용, 연공서열
5	조정	기계적, 계약적	종합적
6	재무전략	내부자금 창출	은행과 제조업 간 교량역할
7	다각화	선별적	무차별
8	라인 균형	생산 대 판매	정보와 판매

제 11 장

국제경영이론

1 독점적 우위론

(1) 의 미

① 기업이 해외직접투자를 하는 이유는 자회사를 통해 현지 경쟁기업보다 더 유리하게 경쟁할 수 있는 독점적 우위를 보유하고 있기 때문

② 기업이 갖는 독점적 우위는 기업이 보유하고 있는 모든 형태의 지식자산으로 기술, 경영능력, 마케팅 기법 등이 포함

③ 기업특유의 우위가 지식자산의 보유에 의해 유지된다는 이론

(2) 외국비용의 발생

① 기업이 해외직접투자를 하는 경우 현지에서 갖는 여러 가지 불리한 점

② 외국비용이 발생하는 사례

- 현지기업에게 유리한 정치, 경제 및 시장 환경
- 현지기업에게 유리한 사회적 관습 및 법률제도
- 현지정부, 소비자, 공급업자, 노동조합, 시민단체, 이해관계자집단 등과의 관계
- 소비자가 현지기업이나 제품에 대한 좋은 이미지 선호
- 본국과의 거리로 인한 현지법인 관리비용 및 통신비용의 증가
- 문화가 다른 현지 종업원 관리에 따르는 경영위험
- 현지시장 환경에 대한 정보부족 등

(3) 개 념

① 다양한 기업특유의 독점적 우위를 확보하고 이를 활용하여 이윤극대화를 얻기 위해 해외투자를 시도

② 킨들버거(C.P.Kindleburger)와 하이머(S.Hymer)
- 외국비용을 상쇄할 수 있는 뛰어난 독점적 우위요소가 있어야만 해외투자 가능하다고 주장
- 뛰어난 제품, 기술 등의 시장구조가 불완전하다는 가정 하에서 출발
- 이 이론에 따르면 독점적 우위의 정도가 높은 기업일수록 더 많은 해외투자를 시도

(4) 독점적 우위요인의 종류

1) 제품시장의 불완전 경쟁요인

품질, 상표명, 이미지 등을 통한 제품차별화, 독점제품의 보유, 특수한 마케팅 기술 등

2) 생산요소시장의 불완전 경쟁요인

특허, 비공개기술, 기술획득 및 자본조달상의 우위성, 탁월한 경영능력 등

3) 규모의 이점

규모의 경제, 수직적 또는 수평적 통합 등

4) 정부의 규제

인위적인 시장불안정성 등으로 수입규제를 통해 촉발된 직접투자 등

(5) 독점적 우위의 특징

① 독점적 우위는 지식기반 자산으로 특정기업만이 가지는 특유의 자산으로 해외시장 진입장벽을 극복하게 하고 국내외 경쟁기업에게는 새로운 진입장벽

② 기업특유의 자산은 무형적 자산(인적, 기술자산, 지적재산권)으로 인식

③ 무형자산이 외부로 유출되는 것을 최대한 통제함으로써 투자수익의 장기화를 시도

(6) 산업의 독과점 구조

① 특정산업의 독과점 구조가 해외직접투자의 경쟁적 지위가 될 뿐 아니라 해외직접투자의 동기로 작용
② 과점적 산업에서는 기업수가 소수이기 때문에 상호의존성이 높으며 경쟁기업의 움직임에 직접적인 영향을 받음
③ 따라서 한 기업이 해외직접투자를 하면 다른 기업들도 방어적인 전략으로 해외직접투자를 시도
④ 이 결과 특정국에 대한 해외직접투자가 단기간 내에 집중적으로 이루어짐
⑤ 새로운 경쟁자가 출현하는 것을 막기 위한 진입장벽을 구축하기 위해 많은 기업이 해외직접투자를 시도
(예 석유기업의 수직적 통합전략)
⑥ 해외직접투자의 우위요소와 수평적 직접투자, 수직적 직접투자, 상호투자의 동기와 현상을 설명하는데 유용
⑦ 반면 기업의 범세계적 경영전략의 수립 및 시행에 따른 기업 다국적화의 현상을 충분히 설명하지 못하여 부분적 이론에 불과
⑧ 수출 및 라이선싱 등 여러 해외진출의 대안적 방법과의 관련성에 대한 분석도 미흡

2 순수무역이론과 자본이동이론

(1) 순수무역이론

국제무역의 궁극적인 결정요인을 규명

① Ricardo 및 고전학파 : 비교생산비설
노동생산성의 국제적 차이에 따른 비교우위가 무역의 기반

② Heckscher-Ohlin 정리 : 무역의 요소부존이론

- 나라에 따라 노동과 자본 등의 요소의 부존량에 차이가 있고 제품에 따라 1단위의 생산에 필요한 요소량이 각각 다르므로 노동이 풍부한 나라는 노동집약적인 제품을 수출하고, 자본이 풍부한 나라는 자본집약적 제품을 수출
- 어느 나라든 그 나라에 풍부한 생산요소를 많이 사용하는 제품을 수출하고 상대적으로 부족한 생산요소를 많이 사용하는 부품을 수입

③ 엄격한 가정으로 인해 재화의 국제적 이동이외의 국제경영활동과 기업의 해외거래를 설명하는데 미흡

(2) 자본이동이론

① 자본의 한계생산성의 차이에 따라 자본이 국제적으로 이동

② 자본은 수익률이 낮은 나라에서 높은 나라로 이동

③ 상호투자 및 자본의 국제적 이동을 수반하지 않는 직접투자현상을 만족스럽게 설명하지 못함

3 제품수명주기이론

(1) Leontief Paradox와 제품수명주기이론

① 미국은 다른 나라에 비해 자본이 상대적으로 풍부한 반면 노동은 상대적으로 부족한 나라

② 따라서 미국은 Heckscher-Ohlin 정리에 의하면 수입품에 비해 상대적으로 자본집약적인 재화를 수출해야 하나 Leontief의 실증적 연구결과는 반대로 나타나 이를 Leontief Paradox라 부름

③ Raymond Vernon 등이 주장하는 제품수명주기의 무역이론에 의하면 Leontief Paradox에 대한 설명이 가능

④ 제품수명주기이론은 순수무역이론보다는 이론적으로 잘 정돈되지 못하였으나 실무적으로 활용가치가 있음

(2) 제품수명주기의 단계별 특징과 국제경쟁력

① 제품수명주기는 제품이 신제품으로 개발되어 처음 시장에서 판매되기 시작하는 도입단계를 거쳐 성장상품이 되었다가 제품수요의 성숙기를 지난 후 사양제품이 되어 시장성이 없어지기까지 시간 흐름에 따라 제품이 거치는 과정

② 제품수명주기의 측면에서 국제무역이론의 기본적 입장은 주기의 3단계로 구성

제품의 도입단계, 성장단계, 성숙단계에 따른 기술, 자본, 생산구조, 인적 자원 및 시장수요구조면에서 여러 가지 특징이 특정시점에서 특정제품에 대한 한 나라의 제품경쟁력을 결정한다는 이론

③ 제품수명주기의 단계별 특징

기술 등 수요	제품수명주기의 단계		
	도입단계	성장단계	성숙단계
기술	빈번한 기술개발에 따라 기술혁신이 활발함	점차적으로 대량생산 방법이 도입되며 기술의 변화가 비교적 빈번함	중요한 기술개발이 이미 많이 이루어져서 기술이 안정됨
자본집약도	낮음	대량생산 체제의 도입으로 높아짐	전문화된 기계가 많이 필요하므로 높음
산업구조	산업진출의 관건이 기술보유의 여부이며 전문화된 용역을 제공하는 기업이 다수 있음	기업수의 증가에 따라 수평적 또는 수직적 기업통합이 증가함	산업에의 진출이 재력에 의해 좌우되며 이에 따른 기업수가 감소됨
상대적으로 중요한 인적 자원	과학기술자	경영자	미성숙 또는 반성숙 노동자
수요구조	판매자 시장. 도입된 제품의 성능과 대체제품의 가격이 수요에 영향을 줌	수요의 가격탄력성이 증가함. 산업 내 경쟁의 증가로 가격이 인하됨. 제품생산의 정보가 확산됨.	구매자 시장 제품에 대한 정보가 용이함

④ 제품수명주기 단계별 생산요소의 상대적 중요성

제 수 요	제품수명주기의 단계		
	도입단계	성장단계	성숙단계
경영자	2	1	3
과학기술	1	2	3
미숙련 노동자	3	2	1
외부경제	1	2	3
자본	3	1	1

⑤ 경제발전도와 국제경쟁력

- 과학기술이나 외부경제면에서 우위에 있는 미국 등 선진국은 도입단계 내지 성장단계의 초기 제품에 국제경쟁력 높음
- 도입단계 : 선진국
  성장단계 : 중립국
  성숙단계 : 개발도상국
- 이 이론은 전자제품이나 섬유류 제품을 생산하는 기업의 국제경쟁력을 비교적 잘 설명하지만 기계류 등 기계적 특성이 부단히 변화하는 제품의 경우 이론의 문제점이 많음
- 이 이론은 공산품의 경우에만 적용 가능하다는 한계성이 있음을 인식해야 함

⑥ 제품수명주기에 따른 세계 각국의 수출입관계

- 높은 소득 계층을 목표로 하거나 노동집약을 위한 신제품을 최초로 개발하는 국가는 미국일 가능성이 높음
- 첫째 이유는 신제품과 새로운 생산기술은 수요가 상대적으로 높은 국가에서 처음으로 개발되는 경향
- 둘째 자국 내 시장에서 이러한 잠재수요를 피부로 인식해야만 기업가도 손실의 위험을 무릅쓰고 과감한 투자시도
- 셋째 현실적으로 기업정보의 국제적 이동장벽이 존재하므로 잠재수요를 실제의 제품계획을 통해 상품화하는 문제도 잠재적 소비자가 존재하는 국가에서 훨씬 용이하기 때문

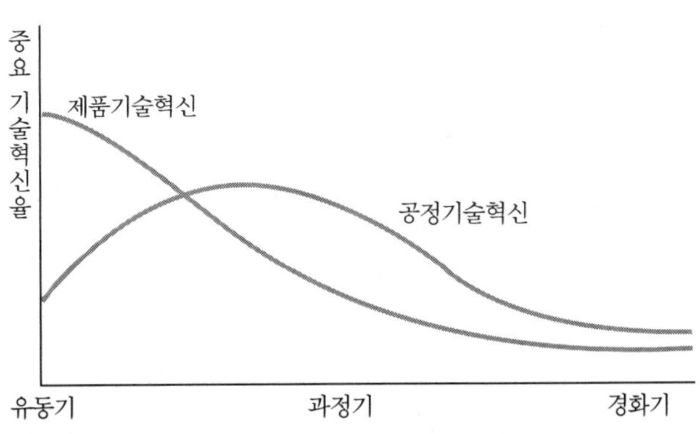

그림 11-1 기술변화와 이에 따른 기술이전 및 제품의 수출입관계

표 11-1 기술변화와 이에 따른 기술이전 및 제품의 수출입관계

기술이전		처음 개발한 선진국에서 후발선진국으로	선진국에서 개발도상국으로
상품무역	처음 개발한 선진국에서 타선진국으로	후발선진국에서 처음 개발한 선진국과 개발도상국으로	개발도상국에서 선진국으로

⑦ 독점주기이론

- 기술선진기업이 기술수출을 통해 어떻게 독과점적인 지위를 장기적으로 유지하는가는 제품수명주기의 관점에서 무역 및 해외직접투자이론으로 설명 가능
- 기술개발기업은 제품의 도입기에는 기술로 인한 독과점 지위를 향유하게 되어 해외진출전략은 기술의 수출보다 주로 제품의 수출에 의존
- 기술이 점차 타기업에 확산됨에 따라 그 기업의 독점적 지위가 위협받게 될 뿐만 아니라 보다 효율적으로 생산할 수 있는 기술모방기업의 출현가능성 때문에 제품수출시장 상실의 위험에 직면
- 기술선도기업이 독점적 지위를 되도록 오래 지속하고 제품수출시장 상실 위험에 대처하기 위한 방어적 전략으로 제품수출 대신 전액투자 또는 합작투자 형태의 해외직접투자와 라이선싱 계약과 같은 기술수출방법의 가연성을 모색
- 제품수명주기의 후기단계가 되면 기술선도기업은 제품수출에서 기술 Package의 수출로 수출형태를 변모시켜 독점적 지위를 계속 유지하려 함
- 제품수명주기이론은 어떻게 하면 기술로 인한 독점적 지위를 전체적 또는 부분적으로 되도록 장기간 유지할 수 있는가 시사해주는 이론

4 내부화 이론

① 기업외부의 시장동기를 통해 이루어지는 거래기능을 기업이라는 시스템 내에서 더 효율적으로 수행할 수 있다면 이를 내부화하는 것이 유리

② 이 경우 기업은 라이선싱 대신 해외직접투자 시도

(1) 내부화 이론의 기본적 관점

① 시장은 외부효과 때문에 재화와 생산요소의 효율적 배분에 실패할 수 있음

② 시장과 기업은 재화와 생산요소의 교환을 조직할 수 있는 대체적 방법

③ 시장교환보다 비용이 저렴한 경우 교환은 기업 내에서 내부화

④ 다국적기업은 해외직접투자를 통해 재화 및 생산요소의 국제적 교환을 내부화시킨 기구

(2) 내부화의 주요 동기

① 거래 및 협상비용, 재산권행사 비용의 절감

② 제품품질의 보호

③ 상호의존적 활동에 따른 경제성 확보

④ 정부개입의 회피

⑤ 원료, 중간재의 투입량과 투입조건의 통제

⑥ 구매처의 통제

⑦ 경쟁전략 또는 경쟁대응전략의 용이성

5 절충이론

① 국제생산은 기업특유의 우위와 내부화의 요인에 입지이론을 추가하여 해외직접투자를 보다 포괄적으로 이해하기 위한 J.H.Dunning의 이론

② 기업의 해외직접투자는 기업특유의 우위, 내부화 우위, 입지특유의 우위의 3가지 요소가 충족되어야 가능

③ 기업특유의 우위와 내부화 요인은 기업을 해외에 진출하게 하는 촉진요인으로 작용

④ 입지특유의 요인은 기업을 특정국가로 끌어들이는 유인요인으로 작용

표 11-2 OLI 패러다임

우위요소 / 해외진출방법	기업특유	내부화	입지특유
해외직접투자	○	○	○
수출	○	○	×
계약에 의한 자원이동	○	×	×

(1) 기업특유의 우위

① 현지기업이 보유하지 못한 기업특유의 자산을 소유함으로써 갖게 되는 이점을 의미

② 자산에는 특허나 상표, 기업 이미지, 기술적 지식, 경영능력 등이 포함

③ 기업이 지니는 특유의 우위요소인 자산은 매우 중요한 것으로 해외활동을 통해 더 확대되고 구축

(2) 내부화 우위

① 기업은 특유의 우위요소가 제3자에게 이전되는 것을 원하지 않음
② 기업 내부적으로 가장 잘 활용하거나 가장 완전히 보호될 수 있는 해외시장 진입방식을 선택
③ 기업특유의 우위요소를 외부시장을 통해 이용하기보다 자체의 조직 내부에서 직접 이용함으로써 얻게 되는 이점

(3) 입지특유의 우위

① 특정입지가 다른 입지에 비해 지니는 이점으로 기업이 왜 특정입지를 선택했는지를 설명
② 입지요소에는 천연자원, 수송비, 사회간접자본은 물론 노동력, 정부의 지원 등
③ 다국적기업은 다양한 여러 시장국에 진출하여 다양한 입지조건들을 활용함으로써 기업이 지니고 있는 기존의 우위요소들을 더 효과적으로 활용

6 국제적 자원이전설

① 무역이론의 기본적 틀을 활용하여 천연자원, 자본, 노동뿐만 아니라 기술, 경영 및 기업가적 능력까지도 자원의 개념에 포함하여 자원의 국제적 이동을 설명하고자 시도
② 자본에 대한 수요 - 공급 관계의 국제적 차이가 자원의 국제적 이동을 야기시키는 기본적 압력으로 작용하게 되며 다국적기업에게 새로운 경영기회를 창출
③ 정부의 정책적 개입으로 인해 자원수급의 국제적 차이나 경영기회는 왜곡되거나 영향을 받음

④ 다국적기업은 이러한 경영기회에 부응하여 국가별로 이전될 자원의 종류와 이전방식을 기업의 성격과 경영전략에 따라 결정
⑤ 부존자원의 국제적 차이, 각국 정부의 정책, 다국적기업의 역할에 따라 자원의 국제적 이전이 결정
⑥ 포괄적인 이론이라 할 수 있으나 기업의 국제화과정에 대한 이론적 틀을 제공하는데 부족
⑦ 기업의 국제화 동기를 분석하는데 시장의 역할에만 치중한 부분

제 12 장

국제마케팅

1. 국제마케팅의 개념과 과제
2. 마케팅 조사
3. 마케팅믹스 전략

1 국제마케팅의 개념과 과제

(1) 국제마케팅의 개념

① 해외시장기회를 이익적으로 활용하기 위해 해외에 있는 현재의 고객과 잠재적 고객의 욕구를 파악
② 이를 충족시킬 수 있도록 재화와 용역의 생산을 계획하는 것에서부터 고객을 겨냥한 제품 및 서비스에 관한 정보의 전달과 설득, 가격의 산정 및 유통 등에 관련된 모든 기업활동을 의미
③ 국제마케팅 활동은 제품의 생산에 앞서 수행되는 것이 바람직
④ 목적은 해외에 있는 고객의 필요, 욕구 또는 기호를 충족시켜 해외시장기회를 이익화시키려는 것으로 제품자체도 고객이 원하는 대로 계획하고 생산
⑤ 고객지향적이 되어야 하며 초점도 제품보다는 고객에 맞추어져야 하는 것을 의미

국제마케팅의 유사 용어

- 국제마케팅 : 국경을 넘어서 이루어지는 마케팅
- 수출판매 : 수출 및 제품중심적인 사고방식
- 수출마케팅 : 수출 및 고객지향적인 사고방식
- 해외마케팅 : 외국에서의 마케팅
- 다국적마케팅 : Synergism을 위한 다국적시장에서 마케팅 활동의 조사
- 비교마케팅 : 국가들 간 마케팅 시스템의 유사성 및 차이와 이유에 관한 연구

(2) 국제마케팅과 기업의 과제

① 해외시장기회를 이익화하기 위한 것으로 우선 이익실현을 위한 매력적인 시장기회가 세계의 어느 곳에 존재하는지를 파악하여 목표해외시장을 선정

② 이를 위해 해외시장기회에 영향을 줄 수 있는 중요한 요소에 대한 정확한 정보를 수집, 분석, 평가
③ 기업은 국제마케팅 조사활동을 수행하는 것이 필요하며 이를 효율적으로 관리해야 함
④ 다음으로 기업의 마케팅 수단에 어떤 것들이 있으며 더 나아가 이들을 어떻게 활용하는 것이 가장 바람직한지 인식
⑤ 기업이 통제할 수 있는 마케팅 수단에는 제품 · 가격 · 유통경로 및 물류유통을 포함한 유통과 촉진
⑥ 이들을 특정하게 배합한 것을 경쟁상태 등을 종합적으로 고려하여 마케팅믹스의 각 구성요소를 적절히 배합해야만 주어진 목표해외시장기회를 이익화하는데 성공

2 마케팅 조사

(1) 해외시장조사 필터

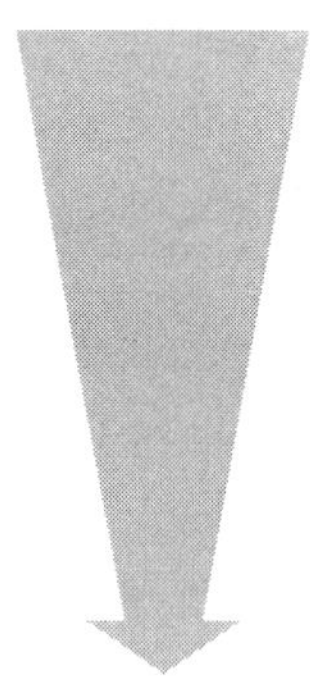

잠재적 필요성 : 물리적 요소에 의해 결정
필요성의 인식 : 문화적 요소에 의해 결정
잠재수요 : 경제적 요소에 의해 결정
유효수요 : 정치적 요소에 의해 결정
시장수요 : 상업적 요소에 의해 결정
기업의 판매가능액 : 경쟁적 요소에 의해 결정

(2) 수요조사대상

① 신상품에 대한 잠재적 수요의 측정 및 기존제품에 대한 전망
② 기존의 또는 잠재적인 기업제품에 대한 고객의 태도, 행동, 욕구

③ 자기기업 또는 경쟁기업 등 각종 중간상이나 독립된 도매상, 소매상 등의 활용가능성, 효율성, 태도 및 기호 등에 대한 유통경로의 실태

④ 각종 커뮤니케이션 모체의 활용가능성, 효율성 및 비용

⑤ 각종 원료 공급원의 활용가능성, 효율성 및 비용

⑥ 신제품에 관한 정보 및 아이디어

⑦ 경쟁제품의 가격 판매량 및 특징, 경쟁기업의 실태(마케팅 계획, 종업원의 사기 및 생산의 능률성, 경영능력, 투자 및 확장계획 등)

(3) 판매분석기법

① 과거의 수요 패턴 분석

② 소득탄력성 분석

③ 유사에 의한 분석

④ Cluster 분석

⑤ 회귀분석

⑥ 투입－산출 분석

3 마케팅믹스 전략

(1) 표준화와 적응전략

① 표준화전략 : 비용절감 ┐
적응전략 : 판매증대 ┘── 배합의 적정성 문제

② 표준화전략 촉진의 한계성

표준화를 제한시키는 요인		마케팅 프로그램의 요소				
		제품디자인	고객산정	배 분	판매인력	광고, Branding 및 Packaging
시장의 특징	물리적 환경	제품의 사용조건	소득수준	고객의 이동성	고객의 분산도	Media에의 접근 가능성
	경제 및 산업 발전단계	소득수준, 자본비용과 노동비용		고객 쇼핑패턴	임금수준 및 인력의 활용 가능성	경제성과 편리성에 대한 욕구, 구매량, 문맹률
	문화적 요인	관습과 전통외국상품에 대한 태도	흥정태도	고객 쇼핑패턴	판매에 대한 태도	
산업의 조건	제품수명주기의 단계	제품차별화 정도	수요탄력도			제품에 대한 인지도와 경험
	경쟁상태	품질의 수준	현지의 제조원가, 대체품의 가격	판매처에 대한 경쟁자의 통제	경쟁자의 판매인력	경쟁자의 지출정도, 메시지
마케팅 기구	분배시스템		중간마진 크기	활용 가능한 판매처의 수와 다양상	셀프서비스의 정도, 판매처의 수, 크기 및 분산도, 광고의 효과	Media의 활용가능성 및 비용
법적제한		제품의 수준 특허법 관세 및 세금	관세 및 세금 반독점금지법 덤핑 규제			메시지에 대한 구체적 제한 상표권에 관한 법

(2) 제 품

1) 제품의 정의

사용자 또는 구매자에게 만족이나 이익을 가져다주는 물리적, 편의적 및 상징적 속성의 총체

2) 제품의 연장 및 적응

① 제품 확장을 추구하는 이유 : 생산, 마케팅 및 연구개발에서 규모의 경제성

② 제품 적응을 추구하는 이유 : 국가마다 상이한 제품사용의 조건, 소득수준 및 소비자 기호의 차이 등 마케팅적인 요인 등

3) 국제적 제품

큰 적응 없이 많은 나라의 시장에 판매될 가능성이 높은 제품이 국제적 제품이 될 수 있음

4) 외국제품 선호도

외국상품에 대한 소비자들의 태도가 나라마다 상이

5) 포 장

① 1차적 기능 : 수송과 보관 중에 핵심제품을 보호하는 기능

② 2차적 기능 : 판매촉진 기능

③ 포장설계 : 과소포장과 과대포장

6) 상 표

① 상표충실성이 높은 고객의 확보

② 품질개선 및 촉진

③ 독자적 상표와 외국상표

7) 서비스

① 판매 전 서비스와 판매 후 서비스

② 내구성 소비제품과 산업용품

(3) 가 격

1) 가격결정에 영향을 주는 변수

기업의 목표가격, 수요구조, 경쟁상태, 분배구조 및 경로, 정부의 세금 및 가격정책 등

2) 가격설정방법

① 원가중심적
② 시장중심적

3) 가격정책

① 침투가격정책
② 시장유지가격정책
③ 고가격정책

4) 수출가격의 증가

수출제품에 대한 해외시장에서의 최종 소비자가격은 운송비, 관세, 긴 유통경로, 중간업체들의 큰 이익, 각종 세금부담 등으로 인해 증가

5) 환율변동에 수출가격의 산정

① 수출가격을 약세통화국의 화폐로 표시하게 되면 표시통화의 예기치 않은 가격하락으로 환손실을 보게 되므로 강세통화국의 화폐로 표시하는 것이 바람직
② 수출기업은 외화로 표시된 수출가격을 얼마만큼 인하시킬 것인가 결정하려면 해외시장에서 기업제품에 대한 수요의 가격탄력성을 고려
③ 수요의 가격탄력성이 큰 경우 수출가격을 인하하여 수출물량이 대폭 증가하도록 가격을 낮추는 것이 유리
④ 수요의 가격탄력성이 작을 경우 수출가격을 인하하지 않고 수출단위당 이폭을 높게 유지하는 것이 이익

6) 수출가격의 통제

① 수출기업이 유의해야 할 점은 덤핑에 대한 수입국의 정책과 규제 조치

② 수입정부가 외국에서 수입되는 제품의 가격이 너무 저렴하여 일반 관세로는 국내산업을 보호하기 어렵다고 판단될 경우 반덤핑과세 부과

③ GATT는 수출국의 정상적인 국내가격과 수출가격의 차이에 의해 덤핑을 정의

④ 미국의 경우 국내산업에 대해 피해가 입증되어야 1921년 제정된 반덤핑제도(Anti-dumping Act)에 저촉

(4) 유 통

1) 유통구조의 국제적 차이와 해외유통경로의 결정

① 유통구조는 나라마다 상이하기 때문에 자기 나라의 유통구조에 대한 지식이 다른 나라의 경우 그대로 통용될 수 없는 경우가 대부분

② 인구 및 지역의 분산도, 소득수준, 구매관습, 정부정책과 각종 규제, 수송 및 저장시설과 같은 경제하부구조 등 한 나라의 유통구조에 영향을 줄 수 있는 제반 시장여건이 국가별로 달라 유통구조가 나라마다 상이

③ 도매 및 소매기능은 세계 모든 나라에서 수행되고 있으나 도매 및 소매기구의 수와 규모, 이를 제공하는 서비스의 종류 및 수준 등에서 국가별 차이가 큼

2) 물적 유통

① 특정국 지세 및 풍토 등 자연적 환경뿐만 아니라 수송 및 보관시설 등 물적 유통과 관련된 경제하부구조도 종합적으로 고려

② 특정 해외시장국 내의 고객의 지역적 집중도, 평균주문량 및 주문의 빈도에 따라 현지에 적합한 물적 유통방안을 강구하도록 노력

③ 많은 나라들이 자국 내에서 외국기업의 영업활동을 증대시키기 위

해 자유무역지역을 설치하고 있어 국제 물적 유통비를 절감하기 위해 이를 활용하는 방안도 적극 검토

(5) 커뮤니케이션

① 광 고

- 광고전략 수립 시 고려할 사항
  - 광고의 상대적 중요성과 역할
  - 판매동기, 언어 및 문화적 배경
  - 광고모체의 활용가능성
  - 광고대행기관의 가용성
- 광고의 효과
  - 광고 메시지 및 Media의 효율성, 잠재수요자의 수 그리고 추가적인 광고에 대한 시청자의 수용도에 의해 결정

② 인적 판매

③ 판매촉진과 홍보

제 13 장

직접투자와 국가정책

1. 국제직접투자
2. 투자국가 선정
3. 투자국의 정책
4. 이전가격의 규제정책

1 국제직접투자

(1) 국제직접투자의 의의

1) 기업의 경쟁우위 활용

① 기업이 보유하고 있는 자원에 경영자의 선택인 기업의 전략이 작용하여 경쟁우위를 가진 기업은 경쟁기업보다 우수한 경영성과를 수행

② 해외직접투자는 기업의 자원기반을 넓혀준다는 측면에서 기업의 경쟁우위 및 경영성과와 밀접한 관련

2) 유형 및 무형자산의 활용

① 국내경영만 하는 기업은 기업특유의 두 가지 자원으로 유형자산과 무형자산을 보유하고 경영에 활용

② 유형자산 : 건물, 기계설비 등
무형자산 : 특허권, 노하우, 상표, 기업의 이미지 등

③ 기업은 유형자산과 무형자산에 대한 소유권을 갖고 있어 독점적 사용권을 행사

④ 기업이 사용 가능한 자원기반은 기업이 직접 소유하는 유형 및 무형자산뿐만 아니라 본국의 유형 및 무형자원도 사용 가능

예 산학협력을 통해 본국의 대학이나 연구소 등에 근무하는 연구 인력을 자원으로 활용 가능

3) 본국과 현지국의 자산 활용

① 해외에 투자하는 기업은 본국의 자원뿐만 아니라 현지국의 자원도 활용 가능

예 미국에 진출한 기업은 미국 자회사의 인적 · 물적 자원뿐만 아니라 미국 대학이나 연구소의 인적 · 물적 자원도 활용 가능

② 기업의 해외투자가 확대되면 기업이 활용할 수 있는 기업 내부와

외부의 자원의 양은 더욱 증가

③ 확대된 자원기반에 경영자의 적절한 선택이 이루어지면 기업은 경쟁우위를 강화할 수 있으며 그 결과 기업의 경영성과는 개선

(2) 해외투자 시 고려할 사항

① 회사가 하는 것보다 회사가 현지 경쟁자들보다 잘 할 수 있는지 고려

② 해외투자에 성공하려면 필요한 전략적 자산의 일부만 보유하기보다 전부를 보유해야

③ 필요한 전략적 자산을 구입 또는 개발할 수 있거나 산업의 경쟁규칙을 바꿀 수 있으면 진입 가능

④ 신규 진출시장에서 성공하기 위한 조건
자산의 희소성, 모방의 어려움, 대체불능성

⑤ 새로운 시장에서 배운 지식과 자산을 또 다른 새로운 시장진출에 적응하여 국제화 확대

(3) 해외직접투자 평가법

1) 가부법

① 투자대상국 선정에 여러 가지 방법과 해외투자의 특징을 검토한 후에 특정해외투자의 실시 여부를 결정하는 방법

② 지역, 환율변동, 정치적 안정 등을 고려

③ 단순하고 비용이 적게 드는 방법

2) 리스크 프리미엄법

① 위험에 따라 할증률 조정

② 위험이 클수록 자산의 요구수익률이 더 높아지게 마련이므로 투자자의 추가 위험부담에 대한 보상으로 인식

3) 추정치의 범위법

시나리오별로 수익률의 범위추정

4) 위험분석법

① 확률을 이용한 과학적 분석법
② 투자와 관련 그 자산의 비밀성, 무결성, 가용성, 기록성에 영향을 미칠 수 있는 다양한 위협에 대해 취약성을 인식하고 예상되는 손실을 분석하는 것
③ 위험분석의 3대 요소 : 자산, 위협, 취약성

5) 옵션 투자평가법

① 금융거래에 사용되는 옵션개념을 적용하여 해외투자를 평가하는 방법
② 모든 해외투자를 평가하는데 유용한 평가방법이지만 정치적 · 경제적으로 불안정한 개발도상국에 투자할 때 더욱 유용한 투자평가법

6) 매력도 평가법

① 시장의 규모
② 시장의 성장성과 지속성
③ 현지정부의 정책 : 유인정책, 규제정책
④ 정치적 위험

(4) 집중투자 및 통합 · 조정 전략

1) 집중투자 전략

① 장 점
- 기업집중에 따른 비교우위를 이용
  비교우위가 있는 소수 국가에 집중투자하여 국제시장에서 경쟁우위를 확보

- 경영활동의 연결에서 오는 이점
  – 연구개발, 생산과 마케팅이 한 곳에 있다면 신속한 경영활동의 연결을 통해 고객이 원하는 제품을 경쟁자보다 빨리 고객에게 공급하여 이익창출
  – 한 곳에 모여 협력함으로써 원거리 분산에서 오는 의사소통상의 불리나 통신비, 출장비, 과다재고의 문제 등을 회피
- 규모의 경제와 경험효과를 충분히 이용
  분산투자하는 기업은 소규모 생산에서 오는 불리나 생산과 판매량의 분산에서 오는 경험효과상의 불리함이 발생

② 단 점

- 정부규제에 따른 손해를 회피할 대안이 부족
  : 집중투자하여 설립한 자회사의 국가의 정부가 규제를 가하면 대안적 생산장소가 부족해지면서 분산투자기업에 비해 선택권이 감소
- 집중투자로 인한 규모의 불경제 발생
  : 약간의 규모의 증가만 있어도 규모의 경제는 한계에 부딪치며 더 이상의 규모 확대는 불경제를 초래
- 각국이 쌓아 올린 관세 및 비관세장벽이 집중투자에 불이익
  : 집중투자로 생산된 제품이 여러 나라로 수출되어야 하지만 각국의 여러 가지 관세 및 비관세 장벽을 극복해야 함

2) 통합 · 조정 전략

① 장 점

- 비교우위를 이용할 수 있으며 분업의 경제를 국제적 차원에서 이용
- 세계 각국에 조기경보체제를 설치한 것과 같은 이점
- 한 곳에서 습득한 지식과 기술을 전세계에 분산 배치한 자회사에 신속하게 이전 가능
- 현지에서 얻은 이점을 지구적 경쟁우위로 전환시킬 수 있는 기회 획득

② 단 점

- 본사와 자회사, 자회사 사이에 긴밀한 의사소통을 유지하는데 시간낭비, 출장비, 통신비 등 간접비 지출
- 분산 배치된 자회사 간, 본사와 자회사 사이에 원료와 부품, 반제품과 완제품이 교차 수송됨으로써 수송비 부담 증가
- 현지 실정에 맞지 않는 원료와 부품, 반제품과 완제품이 투입되거나 반입될 수도 있음

3) 4가지 투자전략

① 수출전략

한 나라에 집중투자하고 해외고객의 요구에 맞춰 수출하는 전략

② 단순 글로벌 전략

소수의 국가에 집중투자하고 경영활동을 엄격히 통제하는 전략

③ 글로벌 전략

세계 여러 나라에 분산투자하되 경영활동을 긴밀하게 통합하고 조정하는 전략

④ 다국적 전략

- 세계 여러 나라에 분산투자하되 경영활동을 긴밀하게 통합하고 조정하지 않는 전략
- 자회사에게 자율성을 부여함으로써 현지의 이점을 이용하려는 전략

2 투자국가 선정

(1) 투자와 관련 고려사항

1) 해외투자가 왜 필요한가

기업특유의 자산을 가진 기업이 해외에 유리한 환경이 주어졌을 때 지구적 전략적인 변수들을 고려하여 직접투자 시도

2) 투자대상 국가의 선정

투자대상 국가의 선정은 환경변수의 영향이 많이 작용하므로 대상국 사이에 환경변수의 사항들을 신중히 검토

3) 대상국가 내에 어느 지역에 투자해야 하나

180여개 국가가 있으며 미국, 중국, 러시아와 같은 큰 나라와 우리나라와 같이 국토가 작은 나라에서도 어느 지역에 공장을 세울지가 중요사항

4) 투자의 시기

① 본국과 현지국의 경영환경을 살펴보면서 진출
② 해외투자에 대한 불확실성이 크면 클수록 기업 특유의 우위를 가진 다국적기업은 현지국의 환경이 확실해질 때까지 투자를 연기

5) 어떤 형태로 진출할 것인가

단독투자, 합작투자, 인수 · 합병 중에서 선택

6) 여러 나라에 분산할 것인가, 소수국에 집중할 것인가

해외자회사의 경영을 조직적으로 통제 · 조정할 것인가? 각 자회사들의 자율에 맡길 것인가?

(2) 전통적인 입지 관련 요소

① 노동력 이용가능성 : 인구 및 실업률
② 인건비 수준
③ 노동력의 질 : 근면성, 이직률, 노동의욕, 1인당 노동생산성
④ 노조 결성률
⑤ 토지 이용가능성
⑥ 시장수요

(3) 원료 및 부품 관련 요소

① 필요로 하는 원료의 이용가능성
② 관련 부품산업의 발전 정도
③ 하청기업의 숫자 및 기술수준
④ 현지국 내 원료산지의 분포
⑤ 원료가격 및 품질

(4) 기술 관련 사항

① 자사 보유기술의 현지국 보호 여부 및 정도
② 선진 기술정보의 수집가능성
③ 현지에서 활용 가능한 기술인력의 수
④ 자사 보유기술의 현지 이용가능성

(5) 인프라, 서비스 및 무형자산

① 무역자유지대, 수출자유지대의 존재 여부와 입주가능성
② 인구밀도
③ 물리적 통신 네트워크 : 도로 및 차도 비율
④ 물류능력 : 물동량
⑤ 은행 및 금융 서비스

⑥ 과학적 인프라

(6) 환경 및 사회관계 요소

① 범죄율
② 경제적 불안정성 : 부도율

(7) 정부요소

① 정치적 안정성
② 유인 및 촉진 : 지원자금 및 저리금융
③ 현지인 의무채용 비율
④ 현지부품 사용의무 비율
⑤ 수출의무 비율
⑥ 본국과의 수교여부, 외교관계, 대외정책상 저촉여부
⑦ 진출국 및 진출기업의 현지에서의 이미지
⑧ 수입개방정책
⑨ 외자정책상 혜택 및 규제사항
⑩ 과실송금에 대한 자세
⑪ 각종 법제 : 세법, 세율, 이중과세방지협정, 투자보장협정
⑫ 환율의 안정성
⑬ 물가
⑭ 교육수준

(8) 정보비용 요소

① 본국과 세계 중심으로부터 거리
② 그 지역에 첫 번째 직접투자가 이루어진 시기
③ 대기업이나 거대 다국적기업(상위 500대)의 존재
④ 국경효과

(9) 경쟁 관련 요소

① 진출대상 지역의 경쟁상황
② 경쟁기업의 진출여부

3 투자국의 정책

(1) 통제 및 지급수단

1) 통제의 목적 및 수단

① 국제수지 악화로 인해 해외직접투자를 제한하며 주로 사전인가제도를 활용
② 미국은 정치적 이유로 특정 국가들에 대한 해외직접투자를 제한
③ 투자국의 노동조합도 해외직접투자를 반대하는 경우

2) 지원수단

① 관세보호 및 수입통제
② 원료 및 기자재의 면세수입의 허용
③ 해외투자보험
④ 금융지원
⑤ 세제지원 및 조세감면
⑥ 정치적 보호
⑦ 정보지원
⑧ 이익 및 원금의 송금보장
⑨ 하부구조의 확충 및 행정지원

3) 통제수단

① 진출 및 기업인수의 제한
② 소유권의 제한

③ 자연자원채취의 통제
④ 국산화 비율, 고용, 생산에 대한 통제
⑤ 금융 및 제정상의 통제

(2) 우리나라의 정책

① 관리강화단계에서 투자활성화 촉진단계로 점진적으로 정책이 전환
② 해외투자허가제도와 사후관리제도
③ 지원제도
- 해외투자보험 : 수출입은행이 대행
- 금융 : 수출입은행이 해외투자자금을 지원
- 세제 : 해외투자 손실준비금의 손금산입(당해 연도에 기업회계에서는 재무상 비용으로 처리되지 않았으나, 세법상 비용으로 인정해주는 회계처리방법. 손금불산입의 반대개념), 세액공제, 배당소득면제 제도

(3) 직접투자의 유형

단독신설투자, 합작투자, 합병 및 인수로 구분

1) 단독신설투자

① 기업이 단독으로 투자에 나서는 경우
② 신규자원이 불필요하고 핵심자원의 노출이나 공유가 우려될 때 선택하는 대안

2) 합작투자

신규자원이 필요하고 핵심자원의 노출이나 공유가 우려되지 않을 때 선택하는 대안

3) M & A

① 신규자원이 불필요하지만 핵심자원의 노출이나 공유가 우려될 때

선택하는 대안

② 비용의 크기는 M & A, 합작, 신설 순으로

표 13-1 자원의 성격과 직접투자의 유형

직접투자유형	신규자원 유 · 무	핵심자원의 노출(공유) 우려
신설	불필요	고려사항이 아님
합작	필요	우려 없음
M&A	필요	우려 없음

표 13-2 해외진출 유형과 관련된 비용수준

해외진출형태	추가자원의 비용	통제비용	총비용
신설	낮음	낮음	낮음
합작	중간	높음	보통~높음
M&A	높음	높음	높음

4 이전가격의 규제정책

(1) 다국적기업과 기업 내 무역

① 다국적기업은 시스템 통합전략을 추구함으로써 전 세계적으로 볼 때 재화, 용역 및 생산요소의 이전매개체 역할

② 다국적기업의 모회사와 자회사 또는 자회사 간 거래는 다국적기업으로는 시스템 내 거래이지만 해당 국가에서는 수출과 수입이 되므로 사내국제무역

(2) 이전가격의 정의, 활용가능성 및 종류

① 이전가격은 기업내부의 부문 또는 사업부 상호간의 거래에 대한 회

계상 일정한 가격을 의미

② 기업 내 자원의 최적분배와 분권화 또는 부문화의 현상에 따른 업적평가를 통한 동기유발을 위해 이전가격이 활용

③ 이전가격의 종류

시장가격, 독립된 제3자 간 가격, 직접비, 총원가, 협상가격 등

④ 자원의 최적배분을 위해서 이전가격은 기회비용을 반영

(3) 국제이전가격조사의 목적

1) 소득세의 절세

① 나라마다 소득세율이 다르고 세금회피처 또는 세금의 성역으로 지칭되는 나라가 존재

② 소득세율이 낮은 나라의 자회사에서 세율이 높은 나라의 자회사로 수출할 때는 가능한 이전가격을 높게 책정

③ 세율이 상대적으로 높은 나라의 자회사에서 수출할 때는 가급적 이전가격을 낮게 책정하여 시스템 전체의 소득세 부담을 절감

④ 완전품보다는 원료, 중간재, 부품 등이 이전되는 경우가 많아 국제시장가격을 정확히 파악하기 어려움

2) 관세의 절세

① 종가세인 경우 수입가액을 가급적 낮게 책정함으로써 관세를 절감

② 관세가 낮아지면 소득세 부담은 커질 가능성이 있으므로 궁극적으로 조세부담은 이익가능성과 세율의 차이에 따라 결정

3) 외환통제의 회피

① 자본금회수 또는 배당금이나 이자의 송금제한을 위한 외환통제를 실시하는 나라에 진출한 자회사에서 수출하는 원료 등에 대한 이전가격은 되도록 높게 책정

② 수입할 때는 이전가격을 낮게 책정하여 간접적으로 외환통제를 시도

4) 정치적, 경제적으로 불안정한 나라에서 자금회수

정치가 불안정하거나 또는 물가상승률 등으로 경제가 불안정한 나라에서 자금을 조속히 회수하는 하나의 방편으로 가격을 조정할 가능성

5) 현지국기업과의 경쟁에 대응

경쟁 상태에 따라 이전가격을 높게 또는 낮게 책정

6) 특정국에 대한 개입의 수준에 따른 차별화

개입수준이 낮은 관계회사에게 수출하는 경우 가급적 높은 이전가격을 책정

(4) UNCTAD와 각국 정부의 대처방안

1) UNCTAD 입장

① 다국적기업은 본사가 가격이전 등 경영상 주요 문제에 관한 결정을 집중하여 수행

② 다국적기업이 갖는 특허, 상표 등 공업소유권은 이전가격의 결정을 더욱 용이하게 함

③ 현지국정부가 부당한 이전가격을 찾아내고 규제하기 위해서 참고가격이 필요한데 객관적으로 타당한 국제가격의 발견이 반드시 용이하지 않음

④ 다국적기업이 독과점 지위를 이용하여 새로운 경쟁기업의 등장을 억제하거나 경쟁을 감소시키는 경우 현지국의 국가이익을 침해

⑤ 이에 따라 현지국(자본수입국)은 공통된 접근방법을 연구하고 각국의 입법을 조화할 필요가 있음

2) Greece와 Colombia의 경우

이전가격의 실태를 조사한 결과 수입가격의 과대측정과 수출가격의 과소측정을 입증

3) 미국의 경우

① 미국정부는 U.S. Treasure Transfer Price Review Program에 의해 세금도피를 방지하려고 노력

② 미국에 진출한 외국기업도 이에 해당

③ 원료, 중간재, 완제품뿐만 아니라 융자, 각종 서비스(연구개발, 컨설팅 등), 기계 등 유형자산의 사용, 무형자산(특허권, 저작권, 상표권, 절차, 예측, 고객 리스트)의 이전이나 사용이 모두 대상

UNCTAD

- 유엔무역개발회의(UNCTAD : United Nations Conference on Trade And Development)
- 남북문제를 해결하기 위해 1964년 설립된 유엔총회의 상설기구
- 상설기관으로 무역개발이사회(TDB)와 1차산품, 제품, 특혜, 무역 외 금융, 해운, 기술이전의 6개 위원회가 있다.
- 최고기관인 총회는 1978년 5월 마닐라에서 열린 제5차 총회까지는 4년마다 개최되었으며 그 후는 3년마다 열린다.
- 제5차 총회에서는 개발도상국이 강력히 주장한 상호의존에 의한 관세 및 무역에 관한 일반협정(GATT), 국제통화기금(IMF) 체제의 변혁을 중심으로 한 세계경제의 구조변혁에는 합의하지 못했다.
- 그러나 보호주의, 산업구조 조정, 1차산품종합계획(IPC), 정기선동맹코드, 개발도상국가 간 경제협력 등에 합의했다.
- 그 중 IPC의 중심이 되고 있는 1차산품 공동기금에 대해서는 1980년 6월 제네바에서 80개국의 정부대표가 의정서에 서명했다.

제 14 장

국제금융시장

1. 국제금융환경
2. 세계화
3. 금융혁신

1 국제금융환경

(1) 국제금융시장의 기능

① 여유자금을 자금이 부족한 사람에게 연결시키는 자금이동 경로를 제공

② 직접금융시장
- 차입자가 금융시장을 통해 증권을 대출자에게 팔아 자금조달
- 주식시장이나 채권시장의 자본시장

③ 간접금융시장
- 은행 등 금융중개기관을 통해 자금 이전
- 저축을 통해 기업에게 사업자본을 제공하는 역할

(2) 금융시장의 중요성

① 여유자금과 높은 투자기회를 보유한 사람을 서로 연결

② 경제전체의 효율성 제고와 생산성 향상에 기여

③ 투자가 아닌 목적으로 자금을 차입하는 사람에게도 이익

④ 효율적인 금융시장은 모든 경제적 욕구를 증진

(3) 화폐시장

① 1년 이하의 단기간이고 신용도가 높은 금융상품이 거래되는 시장

② 정부와 금융기관은 단기운영자금이 부족할 때 화폐시장 금융수단을 발행

③ 단기국공채, 양도성예금증서, 기업어음, 은행인수어음, 환매조건부채권, 콜자금, 표지어음, 유로달러 등

(4) 자본시장

① 자본시장에서 장기성 유가증권인 주식과 채권 등이 거래
② 기업과 정부는 부족한 장기자금을 자본시장을 통해 조달
③ 자본시장 금융상품은 위험이 높고 수익률도 높게 형성

(5) 금융기관

① 금융시장은 직접금융시장과 간접금융시장으로 구분
② 자금거래를 성립시키거나 유통시키는 기관은 모두 금융기관
③ 금융중개 : 금융기관을 통한 간접금융의 과정으로 자금이동의 기본 경로

(6) 금융기관의 역할

① 다수의 저축자와 차입자에게 저축 및 투자수요를 충족시키는 금융중개
② 자금 공급자 및 수요자와 대량거래로 인해 규모의 경제가 가능
③ 자산가치에 대한 정보생산으로 일대일 거래에 비해 효율적인 금융거래

(7) 우리나라 금융기관

① 은행 : 일반은행, 특수은행, 은행신탁계정
② 비은행예금 취급기관 : 종합금융회사, 투자신탁회사, 상호신용금고, 신용협동조합, 우체국
③ 증권회사
④ 보험회사
⑤ 기타 금융기관 : 여신전문금융회사, 증권금융회사, 증권투자회사, 선물회사, 자금중개회사, 투자자문회사, 유동화전문회사

(8) 국제금융환경의 변화

① 최근 금융시장은 세계화 · 통합화가 빠르게 진행
② 세계화 · 통합화 현상은 금융 및 자본자유화와 개방화에 기인
③ 금융자유화와 개방화로 금융업무의 효율성 및 업무영역 확대
④ 다양한 금융수요를 충족시키고자 금융혁신 진행
⑤ 금융혁신은 새로운 금융상품 및 거래기법 창조
⑥ 증권화는 비유동적 금융자산을 자산유동화증권으로 유통시키는 과정

2 세계화

(1) 세계화의 요인과 현황

1) 세계화

① 각국 경제가 하나로 통합되어 가는 현상
② 재화나 서비스 교역 및 국가 간 자본이동의 증대

2) 개방화

① 차입자가 국경넘어 자금을 조달하거나 대출자가 투자하는 것
② 각국의 금융시장이 통합되어 하나의 금리가 결정

3) 우리나라의 개방화

① 1990년대 후반 이후 해외투자자에게 거의 개방된 상태
② 국민은행, 제일은행 등 외국인이 국내은행 소유
③ 외국계 증권사, 투자자문회사, 손해보험업의 국내 현지법인 설립 가능
④ 주식이나 채권의 외국인 투자한도 사실상 폐지

4) 영국의 빅뱅

① 1986년 영국에서 발생, 자본시장 자유화의 형태
② 유럽 국가들은 시장경제의 통합선언
③ 국가 간 규제를 철폐하고 단일 통화 '유로' 탄생
④ 금융개방과 통합을 넘어 경제 블록화 현상

5) 북미자유무역협정(NAFTA)

① 미국, 캐나다, 멕시코 3국의 경제 블록
② 2007년까지 금융부문의 모두 투자장벽 철폐

6) 통신 및 정보처리기술의 발달

① 금융정보의 신속한 처리로 거래비용 절감 → 금융시장 통합화의 요인
② 전자거래 시스템 출현으로 금융시장의 새로운 경쟁국면
③ 기업은 조달비용을 낮추고 가장 잘 알려진 국가에 주식 상장
④ 투자자는 국제 간 분산투자를 통해 위험을 낮추고 수익률 극대화

7) 금융시장의 세계화 이후

① 금융규제는 줄어들었으나 금융시장 불안정의 원인
② 브레튼우드 이후 금리자유화 추진으로 환율과 금리의 급격한 변화
③ 금리위험이 증가하고 자산의 폭등과 거품현상으로 국제수지 악화
④ 1970년대 칠레, 아르헨티나, 우루과이, 1980년대 덴마크, 스웨덴, 노르웨이, 1994년도 멕시코, 1997년도 한국 등 아시아 국가의 외환위기

(2) 국제금융시장의 발전

1) 유로커런시시장

① 1950년대 런던을 중심으로 유로달러시장에서 비롯된 단기금융시장
② 유로달러 거래에서 파운드화, 마르크화, 프랑화 등 각국 통화로 확대

③ 거래기간에 따라 단기 유로커런시시장과 중장기 유로커런시시장으로 구분

단기 유로커런시시장	중장기 유로커런시시장
• 1일~1년까지 단기자금의 예수 및 대출이 이루어지는 시장 • 예수금리와 대출금리가 기준금리 • 예수금리는 국내보다 높고, 대출금리는 국내보다 낮음 지불준비금 적립 등의 면제로 자금조달비용이 낮기 때문	• 대출은 뱅크론 형식을 취하고 대출기간은 5년~15년 • 무담보신용대출 형태로 분할상환

신디케이트 대출

- 거액의 대출규모로 위험분산을 위해 여러 은행이 신디케이트 구성
- 이자율은 일정한 기준금리에 신용도에 따른 가산금리의 합
- 기준금리는 3개월 또는 6개월 만기의 LIBOR

• 유로시장
  - 특정국의 금융자산이 타국에서 거래되는 국제금융시장
  - 유로커런시시장과 유로채권시장으로 구분
  - 규제에 자유로운 자유시장으로 역외시장이라 부름
  - 더 많은 이익을 추구하려는 노력이 국제화와 금융혁신에 이바지

• 유로달러
  - 초기에는 미국 외 국가에 있는 은행의 달러표시 예금채무로 정의
  - 최근에는 달러표시 금융자산 및 부채까지 포함하는 것으로 정의
  - 예치 · 운용되고 있는 달러자금으로 외국은행이나 미국은행의 해외지점

2) 국제채권시장

① 국제채

- 유러커런시시장 : 단기자금 조달을 위한 간접금융시장
- 국제채시장 : 장기자금 조달을 위한 직접금융시장
- 차입국의 소재국 밖에서 판매되는 채권으로 외국채와 유로채로 구분

② 외국채

- 채권발행 국가의 신디케이트에 의해 인수되고 거주자들에게 판매
- 국내기업의 달러표시 채권이 미 증권거래소에 상장되어 거래되면 외국채
- 양키본드, 사무라이본드, 불독본드, 아리랑본드

③ 유로채

- 채권에 표시된 발행국 이외의 지역에서 거래되는 채권
- 국내기업이 달러표시 채권을 발행하여 런던시장에 매각되는 채권

④ 유로채와 외국채의 차이점

- 유로채는 표시통화국의 규제를 받지 않고 자유롭게 발행
- 유로채를 인수하고 판매하는 인수단 구성은 국제적
- 유로채는 투자자 또한 국제적으로 다양
- 유로채의 이자소득은 원천세가 부과되지 않음

(3) 국제주식시장

1) 국제주식

① 발행기업 소재지국 외의 증권거래소에서 상장되어 거래되는 주식
② 발행방식에 따라 유로주식과 기타 국제주식으로 구분

2) 유로주식

① 국제주식시장에서 국제 인수단에 의해 발행 · 판매

② 발행자와 국내 상장규제에 구애받지 않는 소지인식 주식

3) 유로주식시장의 발전요인

① 세계적인 주가상승과 주식시장의 국제화
② 세계적인 국영기업의 민영화 추세
③ 유로주식 결제의 원활화
④ 주식거래체제의 범세계화

4) 주식예탁증서(DR)

① 외국 주식에 대한 청구권을 나타내는 것
② 주식은 발행국 은행에 보관하고 거래국 은행이 주식 대신 발행하는 증권
③ 외국시장에 주식예탁증서(DR : Depositary Receipt) 유통으로 표시 통화의 차이 등이 완화

5) 미국 주식예탁증서(ADR : American Depositary Receipt)

① 미국에서 발행하는 주식예탁증서
② POSCO, KT, KB국민은행, SK텔레콤 등

6) 글로벌 주식예탁증서(GDR : Global Depositary Receipt)

① 유럽에서 발행하는 주식예탁증서
② 삼성전자, 신한지주, 하나은행, 현대자동차 등

(4) 증권시장 간 연계 강화

① 미국, 일본, 영국 등 주요 증권거래소들이 국제화 추세
② 각국 증권거래소 간에 서로 제휴를 강화하는 형태로 진행
③ 세계 금융시장의 통합으로 단일 금리와 통화가 가능

3 금융혁신

(1) 금융혁신의 원인

1) 금융혁신의 의의

① 급변하는 금융환경에 새로운 금융상품과 금융기법이 도입되는 현상

② 금융거래의 위험과 비용은 감소, 금융시장의 세계화와 통합화 진전

2) 금융혁신의 원인

① 금융규제의 완화
- 금리나 여신의 규제, 금융기관의 시설, 운영 및 업무영역 등
- 금융시장의 효율성과 금융산업의 경쟁력을 높이기 위한 정책

② 국제금융시장의 불확실성 증가
- 이자율 변동성 증가로 투자수익에 대한 불확실성 증가
- 금융기관이나 투자자들은 위험회피를 위해 금융상품 개발

③ 정보통신기술 발달
- 금융기관 간 업무제휴나 취급업무 확대로 다양한 금융 서비스 제공
- 수요자의 수요에 적극 대응하여 새로운 이윤창출이 가능

3) 금융공학

- 금융공학의 발달이 금융혁신의 중심을 형성
- 선도, 선물, 옵션, 스왑 등 거래기법으로 새로운 금융상품 개발
- 위험을 제거하고 거래비용을 절감하여 시장의 효율성을 제고
- 혁신적인 금융상품을 개발하고 금융문제에 창조적 해결방식을 제공

(2) 금융혁신의 발달과정

① 금융기관이 당면한 재무적 문제를 해결하기 위해 추진
② 금융기관은 기대효용의 극대화를 위해 비용절감이 핵심적인 요인
③ 금융거래의 자동화, 세금 및 관련 비용을 절약하는 신금융상품 개발
④ 금융혁신 : 규제탈피, 세금회피, 비용절감

1) 규제탈피를 위한 금융혁신

① 사례 : 유로달러시장의 생성과 발전
- 미국과 달리 외국의 달러표시 예금은 이자율 상한이 없었기 때문
- 유로달러시장은 수익을 극대화하려는 노력으로 이루어진 금융혁신

② 우리나라의 사례
- 1980년대 말까지 외국투자자의 국내주식 투자가 엄격히 제한
- 국내기업들은 국제자금을 유치하기 위해 유로채시장에서 전환사채 발행
- 삼성전자, SK, 대우 등이 7천만 달러의 투자자금 조달

③ 미국 내 비은행 금융기관의 사례
- 금리에 대한 규제를 회피하기 위한 금융혁신

④ 화폐시장 뮤추얼펀드 MMMF(Money Market Mutual Fund)
- 단기 저위험 증권에 투자하는 개방형 뮤추얼펀드
- 시장금리와 연동시켜 수익성, 유동성, 안전성 보유

⑤ 현금관리계정 CMA(Cash Management Account)
- 화폐시장 뮤추얼펀드의 기능과 융자 및 신용카드 기능을 종합한 상품
- 증권회사가 개발하여 은행에 적용되는 이자율상한 제한을 우회

⑥ 이후 은행예금의 비은행권 이전으로 은행의 수익성과 경쟁력 악화
⑦ 금융기관 간 공정한 경쟁을 위해 금리자유화 등 금융규제 완화
⑧ 은행의 경쟁력을 강화하기 위해 나우계정(NOW) 신상품 개발
※ 나우계정 : 저축성예금과 요구불예금을 결합하여 수표발행이 가

능한 이자부 요구불예금의 성격

2) 세금회피를 위한 금융혁신

① 사례 : 장기 순할인채

- 중도에 이자지급 없이 할인 발행하여 투자자에게 수익을 주는 방식
- 기업들은 사채할인발행 감가상각을 이자비용으로 처리하여 세금효과
- 당국은 세제규정을 수정하여 투자자에게 이자소득 과세
- 기업들은 개별적인 할인채 형태로 재발행하는 파생금융상품 개발

② 듀얼펀드(Dual Fund)

- 미국 세법상 주식의 자본이득세가 배당소득세보다 낮게 책정
- 고소득 투자자는 자본이득을, 저소득 투자자는 배당을 더 선호
- 배당과 자본이득의 누적분을 따로 분리하여 판매하는 방식

3) 비용절감을 위한 금융혁신

① 이자율조정부채권, 만기조정채권 등

- 채권만기 이전에 발생하는 신용평가와 관련한 손실방지
- 신용등급에 대해 일종의 옵션을 부여하여 이와 관련된 위험회피

② 만기연장가능채권

- 2～3년마다 이자율 조정하여 추가적인 발행비용 없이 기간연장 가능

③ 변동쿠폰갱신부채권

- 매 분기마다 만기가 91일로 자동연장, 쿠폰 이자율이 시장이자율로 조정

④ 인수청구권채권, 발행조건부채권 등

- 발행자가 시장이자율 변동에 따라 발행조건을 조정할 수 있는 상품

⑤ 유로노트, 유로기업어음
- 기업이 금융시장에서 자금을 직접 조달하여 중개비용을 절감하는 상품

(3) 파생금융상품의 발달

1) 파생금융상품의 출현

① 1960년대 이후 이자율과 환율의 급변으로 인플레이션과 불황의 악순환
② 기업과 금융기관은 위험에 노출되어 경제전체의 불확실성 증가
③ 위험을 줄이기 위한 과정에서 금융혁신을 통해 출현

2) 파생금융상품의 출현 이후

① 선물 · 옵션 · 스왑 등 위험을 제3자에게 이전시켜 불확실성 해소
② 수출업자는 금융기관과 선물환계약을 체결하여 환율변동 위험제거
③ 금융기관은 선물 · 옵션 등 금융상품을 통해 환위험 헤지

3) 파생금융상품의 경우

① 유동성을 증가와 위험을 관리할 수 있는 새로운 기회제공
② 큰 레버리지 효과로 인해 투기성향이 강한 단점
③ 제로섬게임으로 인해 위험관리기능과 투기성은 분리할 수 없음

제 15 장

요점정리 Ⅱ

기말고사 대비(제8장~제14장)

ㅇ 국제경영에 수반되는 위험 중 정치적 위험

- 몰수와 수용, 국유화 : 지난 1979년 이란의 회교혁명 발생 이후 이란에 투자한 많은 서방기업들의 자산은 이란 혁명정부에 의해 몰수
- 외국계 기업에 대한 위협 : 외국정부가 합작투자를 강요하거나 해외투자의 과실송금을 억제할 경우 외국투자기업의 수익성에 악영향

ㅇ 국제경영에 수반되는 위험 중 재무적 위험

- 국제수지문제 : 자본통제(배당금, 원금, 이자지급 제한)
- 환율의 변화 : 환차손(익)에 노출을 극소화하는 방향으로 국제거래를 적응
- 물가상승률 : 나라마다 다른 물가상승의 차이에 적응
- 이자율 : 이자율이 낮은 국가에서 이자율이 높은 국가로 이동

ㅇ 국제경영과 국제개발에서 단계별 기여에 대해

- 농경사회에서 노동집약 산업이 발달
- 산업사회에서 자본집약 산업이 지배
- 정보화사회에서 노동과 자본보다 지식과 기술집약적 산업이 우선
- 고용과 수출 : 노동집약 산업
- 산업구조 고도화 : 지식과 기술집약 산업

ㅇ 국제경영에서 해외진출국을 확정하는 방법

- 시장확대전략은 집중형, 초점형, 기반형으로 구분

- 매력적인 시장이라도 본국과 먼 경우보다 오히려 인접한 국가나 본국과 유사한 국가를 개척하는 것이 유리
- 집중형 : 대부분 기업들이 본국과 인접하거나 본국에 먼저 진출하는 전략을 선택
- 초점형 : 세계적 명성을 얻기 위해서는 특정 국가에 진입하는 것이 필수적
- 기반형 : 첨단산업의 경우 시장점유율 확대를 통한 경쟁지위 확보가 중요하므로 전략적으로 중요한 미국, 유럽, 일본 등에 우선 진출하고 이후 확대하는 전략

○ 국제경영발달에 영향을 미치는 요소

- 경제적 상황 : 소득수준 향상으로 제조품 무역이 증가하고 농산품 등 1차산업의 무역감소
- 기술
  - 시간과 공간의 축소
  - 통신혁명으로 국내외지사와 자회사관리의 차이가 사라짐
  - 교역대상 품목의 변화 : 농수산물에서 제조품으로
  - 개발도상국의 교역비중이 증가

○ 최근 국제무역의 특징

- 개발국 간 무역증가 : 개발국 간 무역이 세계 무역의 3/4 차지
- 제조품 무역증가 : 반도체, 운송수단, 전자제품 등
- 최대 무역국은 개발국들 : 미국, 일본, 독일 등
- 세계 최대 수출회사들 : 도요다, IBM, 필립스, 바이엘 등

○ 최근 해외직접투자의 동향

- 최대 수입국은 개발국 : 미국, 영국, 독일 등
- 최대 투자국은 개발국 : 미국, 영국, 독일 등
- 해외투자 확대로 다국적기업의 경제활동 비중이 증가하여 영업범위가 크게 확대

- 다국적기업은 기존 기업을 인수하는 경향이 강하며 빠른 속도로 시장을 장악
- 과거 신민국과 피신민지 간 투자거래 증가
- 인접국 간 투자거래 증가

○ 국제무역에서 무역장벽에 대해

- 각국 정부는 관세장벽과 비관세장벽을 통해 수출입의 물량과 가격 등을 조절
- 제2차 세계대전 이후 GATT와 도쿄라운드를 통해 관세율이 보호무역정책으로의 효과가 감소
- 다양한 비관세장벽이 수입규제 수단으로 이용
- 관세, 수입할당, 수출자율규제, 비관세장벽 등의 규제수단을 실시

○ 무역규제에서 무역정책의 의미

- 특정 국가의 정부가 무역수지에 영향을 미치기 위해 사용하는 모든 정책
- 자유무역정책과 보호무역정책으로 구분
- 대다수 국가들이 외견상 자유무역의 원칙을 따르고 있으나 현실적으로는 각종 형태의 무역규제를 실시
- 자유무역이 바람직하지만 현실에서는 수입규제와 같은 무역정책이 필요한 이유가 존재

○ 국제무역에서 무역규제의 근거

• 재정수입	• 유치산업보호
• 산업다각화	• 교역조건의 개선
• 자원의 국제적 이동촉진	• 고용증대
• 국제수지조정	• 정치적 목적
• 저임금	• 소득분배

ㅇ 관세의 종류를 상품이동에 따라 구분

- 수출세 : 수출품에 부과하는 관세
- 수입세 : 수입품에 매기는 관세
- 통과세 : 과거 통과 화물에 대해 부과하던 조세

ㅇ 관세는 세율의 결정기준에 따라

- 종가세 : 상품가격을 기준으로
- 종량세 : 상품수량을 기준으로
- 혼합세 : 종가세와 종량세를 병용
- 선택세 : 종량세와 종가세 중에서 선택. 주로 높은 쪽 세율적용

ㅇ 무역규제에서 관세의 종류

- 재정관세 : 재정수입을 늘리기 위해 부과하는 관세. 국내에서 생산되지 않는 커피나 코코아 따위에 부과
- 보호관세 : 국내산업을 보호하고 장려하기 위해 수입품에 부과하는 관세
- 관세할당 : 수입상품에 이중으로 세율을 적용하는 제도
- 탄력관세 : 행정 관청이 필요에 따라 세율을 인상 또는 인하할 수 있는 관세

ㅇ 수입관세의 경제효과의 의미

- 관세 부과로 수입품의 가격을 올려 국내산업을 보호
- 정부의 재정수입이 창출
- 수입품과 경쟁하는 산업에는 도움을 주지만 경쟁약화로 효율성이 하락
- 수입품 가격의 상승으로 소비자는 불이익

ㅇ 수입할당제의 이해

- 가장 간단하고 직접적인 비관세 무역장벽으로 일정 기간 특정 상품의 수입에 대해 수량제한을 가하는 것
- 실시 이유 : 수입을 제한하여 외국과의 경쟁에서 자국 산업을 보

호하고 국제수지를 개선하자는 것

○ 수입할당제과 수출자율규제의 의미

- 수입할당제
  - 가장 간단하고 직접적인 비관세 무역장벽
  - 일정 기간 특정 상품의 수입에 대해 수량제한을 가하는 것
- 수출자율규제
  - 수출국이 수입국과의 협의에 의해 수출물량을 자발적으로 제한하는 것
  - 효과는 할당제와 유사하지만 중요한 차이점은 쿼터의 관리를 수출국의 정부가 책임지고 있다는 것

○ 비관세장벽의 종류

- 국산품 구매우선 : 원산지규정을 이용한 부품의 국산화율 요건의 설정과 국내공급자에 대한 가격우대, 특혜 부여 등의 수단을 주로 사용
- 수입담보금 : 수입을 승인할 때 수입업자로 하여금 수입신청액의 일정비율을 외국환은행에 적립하는데 필요한 금액

○ 우루과이라운드

- 관세 및 무역에 관한 일반 협정(GATT)의 국제주의 이념이 퇴조되면서 나타난 각국 간 무역분쟁의 심화, 지역경제 블록의 형성과 같은 배타적 폐쇄적 무역환경을 제거하고, 개방적 자유무역환경을 조성하기 위해 약 7년 동안 계속되었던 협상으로 1993년 말 타결된 협약

○ 스페셜 301조

- 미국 업체의 지적재산권을 보호하기 위한 특별법으로 외국 교역국이 미국 업체의 지적재산권을 침해했을 경우 이를 보호하기 위한 특별조항으로 협상대상국 지정 및 제재권 발동을 규정

○ WTO 무역체계의 원칙

- 무역체계는 차별이 없어야 한다.
- 무역체계는 자유로워야 한다.
- 무역체계는 예상할 수 있어야 한다.
- 무역체계는 보다 경쟁적이 되어야 한다.
- 무역체계는 후진국들을 고려해야 한다.

○ WTO와 GATT를 비교한 사항

- GATT
  - 협정체제라는 한계에 봉착하고
  - 공산품이라는 범위의 한계
  - 강제력이 없기 때문에 반드시 지킬 의무가 없음
- WTO
  - UR를 통해 모든 물품(상품, 서비스, 지적소유권 등)의 범위
  - 강제력을 가진 국제기구
  - GATT보다 더욱 강력한 자유무역을 하기 위해 설립
- GATT는 단순한 협정에 불과하지만 WTO는 국제무역기구로서 큰 영향력

○ 동서양 문화비교 중 기본자세

	서 양	동 양
표준	목표	최소한도
위험	회피	기회
변화	불확실성	기회
조직	사리	가족
수익	단기극대	장기
대 근로자 자세	소모품	자산

○ 동서양 문화비교 중 경영전략

	서 양	동 양
수립방법	수립과 이행분리	불가분
기술	경영자와 기술이 주인	기술이 하인
규모	대가 좋은	대기업도 소로 운영
지리적 시야	국내	해외

○ 동서양 문화비교 중 인사관리

	서 양	동 양
근로자	비용	자산
근로자 관리	관리대상	자율
분업	철저	멀티평션
혁신	경영자, 기술자	모든 구성원
평가훈련	제한적	계속적

○ 문화의 정의

- 한 민족의 행동을 규제하는 사회적 규범과 반응의 집합
- 학습되고 공유되며 강제적이고 상호 연관된 상징들의 집합체
- 사회의 구성원들에게 일련의 방향성을 제시하는 의미

○ 다국적기업의 정의

- 구조적 기준, 성과척도, 최고 경영층의 행동양태면에서의 특징과 같은 여러 가지 기준이 다양하게 결합되어 정의함
- 범세계적인 경영기회에 대응하여 여러 나라에 진출해 있는 관계기업을 통해 해외생산 및 마케팅 등 광범위한 국제경영활동에 참여
- 기업전체의 통합적 경영성과를 극대화하기 위해 국가라는 범주를 초월하여 경영전략을 수립하고 시행하는 기업

○ 다국적기업의 국제화 단계에서 해외직접투자 단계

- 수출단계의 기업의 경우 여러 환경의 변화로 인해 많은 시련에 봉착

- 수입국정부가 수입금지 등 수입제한조치를 강화하거나 더 이상 수출하는 것이 불가능한 경우
- 국내생산비 증가로 인해 기업의 수출경쟁력이 약화되어 수출채산성이 하락

ㅇ 다국적기업의 모기업과 관계기업의 관계

- 모기업과 관계기업이 상호 유기적인 관련을 갖고 있는 조직체로서 전체적으로 하나의 시스템을 형성
- 모기업은 다국적기업의 의사결정 중심점의 역할을 담당
- 모기업 경영자는 시스템 전체의 총합적 경영성과를 극대화하기 위해 제품판매의 목표시장, 진출국가 및 진출형태 등을 종합적으로 고려
- 모기업과 관계기업 상호간에는 제품의 생산, 마케팅, 재무, 개발 등 경영활동의 모든 면에서 상호 유기적인 협조
- 다국적 시스템 내에는 제품, 자본, 기술, 경영 등의 국제적 흐름이 많음

ㅇ 다국적기업의 기업 내 국제무역

- 모기업이나 현지기업은 각자 생산하고 있는 제품 이외에 모기업이나 다른 현지기업이 생산하고 있는 제품을 수입
- 다국적기업의 모기업과 현지기업들 사이에는 상호 많은 국제거래가 발생
- 다국적기업 내에서는 기업 내 거래에 불과하지만 해당 국가에게는 수출이나 수입으로 기록

ㅇ 다국적기업의 시스템 통합전략 추구

- 다국적기업은 제품생산에 있어 국제적인 수직적 통합전략을 추구
- 다국적기업은 완제품 · 중간재 · 부분품 등의 기업 내 국제무역이 증가
- 다국적기업은 완제품 · 중간재 · 부분품 등의 생산도 함께 수직적

통합전략을 추진

- 다국적기업은 모기업과 현지기업들 사이에 국제무역 뿐만 아니라 자금 · 기술 · 용역의 국제적 거래도 시도
- 다국적기업의 경영자가 시스템 통합전략을 추구할수록 기업 내 국제무역은 더욱 증가

○ 다국적기업의 해외투자요인에 관한 설명

- 저임금과 풍부한 노동력을 이용하여 개발도상국으로 진출하여 더 많은 기업이윤을 추구하기 위해
- 현지의 특화된 자본과 경영능력을 활용하기 위해
- 상품수출이 어떤 장애요인에 의해 막힌다 하더라도 해외시장에서 브랜드 유지를 위해
- 해외로 진출한 기업이 자국의 기자재, 부품 등의 수출시장 확대에 커다란 역할을 해주기 때문
- 자국에게 장기적으로 품질이 우량하고 가격이 저렴한 원료를 수입하게 해줄 수 있기 때문

○ 규모의 경제와 범위의 경제의 정의

- 규모의 경제 : 기업이 생산시설의 규모를 늘려 나감에 따라 생산비는 점점 감소하고 생산성이 증가되는 현상, 선발자가 갖는 진입장벽 이점의 근원
- 범위의 경제 : 단일 운영단위의 생산설비와 공정들을 이용하여 상품과 서비스를 더 다양하게 생산함으로써 얻는 평균비용과 한계비용의 절감, 산업의 포화와 성숙이 진행됨에 따라 범위의 경제의 중요성이 커짐

○ 종합상사의 정의

- 식료품에서 중공업제품에 이르기까지 다양한 상품을 취급
- 수출입 업무뿐만 아니라 국내유통과 자원개발 등에도 참여하는 종합적 기능을 가진 기업
- 한국과 일본에만 있는 독특한 기업형태

○ 종합상사의 주요 기능

- 거래기능
- 금융기능
- 정보기능
- 재고 및 운송기능
- 시장개척기능
- 위험부담기능
- 개발기능
- Organizer 기능

○ 우리나라의 종합상사 육성의 필요성

- 국가적으로 종합상사의 육성이 필요한 이론적 근거는 범위의 경제
- 대규모 종합상사가 각 기업들을 통합하여 유기적인 거래망과 정보망을 구축
- 특정상품을 대량으로 취급하여 국제시장에서 규모의 경제로 인해 시장정보 및 인건비 절약
- 소수의 종합상사가 한 나라의 무역기능을 독과점하게 되면 무역상사간 공정한 경쟁을 저해하여 경제적 비효율성 야기
- 경제적 비효율성으로 인해 부의 공정한 분배 및 사회적 공정성이 손상받을 수 있음

○ 다국적기업과 종합상사의 비교

		다국적기업	종합상사
1	주요 활동	해외직접투자	무역
2	성장전략	흡수합병	기업집단형성
3	조직전략	사업부제	기능별 조직 및 조화
4	인사전략	단기고용, 능력주의	종신고용, 연공서열
5	조정	기계적, 계약적	종합적
6	재무전략	내부자금 창출	은행과 제조업 간 교량역할

○ 국제경영이론 중 외국비용이 발생하는 사례

- 현지기업에게 유리한 정치, 경제 및 시장환경
- 현지기업에게 유리한 사회적 관습 및 법률제도
- 현지정부, 소비자, 공급업자, 노동조합, 시민단체 등과의 관계

- 소비자가 현지 기업이나 제품에 대한 좋은 이미지 선호
- 본국과의 거리로 인한 현지법인 관리비용 및 통신비용의 증가
- 문화가 다른 현지 종업원 관리에 따르는 경영위험

○ 국제경영이론에서 독점적 우위론의 개념

- 다양한 기업특유의 독점적 우위를 확보하고 이윤극대화를 위해 해외투자를 시도
- 외국비용을 상쇄할 수 있는 뛰어난 독점적 우위요소가 있어야 해외투자 가능
- 뛰어난 제품, 기술 등의 시장구조가 불완전하다는 가정 하에서 출발
- 독점적 우위의 정도가 높은 기업일수록 더 많은 해외투자를 시도

○ 국제경영이론에서 독점적 우위요인의 종류

- 제품시장의 불완전 경쟁요인 : 품질, 상표명, 이미지 등을 통한 제품차별화, 독점제품의 보유 등
- 생산요소시장의 불완전 경쟁요인 : 특허, 비공개기술, 기술획득 및 자본조달상의 우위성, 탁월한 경영능력 등
- 규모의 이점 : 규모의 경제, 수직적 또는 수평적 통합 등
- 정부의 규제 : 인위적인 시장불안정성 등으로 수입규제를 통해 촉발된 직접투자 등

○ 국제경영이론에서 독점적 우위의 특징

- 독점적 우위는 지식기반 자산으로 특정기업만이 가지는 특유의 자산
- 해외시장 진입장벽을 극복하게 하고 국내외 경쟁기업에게는 새로운 진입장벽
- 기업특유의 자산은 무형적 자산(인적, 기술자산, 지적재산권)으로 인식
- 무형자산이 외부로 유출되는 것을 최대한 통제하여 투자수익의 장기화 시도

○ 순수무역이론에서 Heckscher-Ohlin의 정리 : 무역의 요소부존이론

- 나라에 따라 노동과 자본 등의 요소의 부존량에 차이가 있다.
- 제품에 따라 1단위의 생산에 필요한 요소량이 각각 다르다.
- 노동이 풍부한 나라는 노동집약적인 제품을 많이 수입한다.
- 국가별로 상대적으로 부족한 생산요소를 많이 사용하는 부품을 수입한다.

○ 제품수명주기의 정의

- 제품이 신제품으로 개발되어 처음 시장에서 판매되기 시작하는 도입단계를 거쳐 성장상품이 되었다가 제품수요의 성숙기를 지난 후 사양제품이 되어 시장성이 없어지기까지 시간흐름에 따라 제품이 거치는 과정

○ 제품수명주기 이론의 단계별 특징

기술 등 수요	제품수명주기의 단계		
	도입단계	성장단계	성숙단계
기술	빈번한 기술개발에 따라 기술혁신이 활발함	점차적으로 대량생산 방법이 도입되며 기술의 변화가 비교적 빈번함	중요한 기술개발이 이미 많이 이루어져서 기술이 안정됨
자본집약도	낮음	대량생산 체제의 도입으로 높아짐	전문화된 기계가 많이 필요하므로 높음
산업구조	산업진출의 관건이 기술보유의 여부이며 전문화된 용역을 제공하는 기업이 다수 있음	기업수의 증가에 따라 수평적 또는 수직적 기업통합이 증가함	산업에의 진출이 재력에 의해 좌우되며 이에 따른 기업수가 감소됨

○ 제품수명주기 이론에서 경제발전도와 국제경쟁력의 관계

- 과학기술이나 외부경제면에서 우위에 있는 미국 등 선진국은 도입단계나 성장단계의 초기 제품에 국제경쟁력이 높음
- 도입단계 : 선진국
  성장단계 : 중립국

성숙단계 : 개발도상국

- 이 이론은 전자제품이나 섬유류제품을 생산하는 기업의 국제경쟁력을 비교적 잘 설명

○ 제품수명주기 이론에서 세계 각국의 수출입관계

- 높은 소득 계층을 목표로 하거나 노동집약을 위한 신제품을 최초로 개발하는 국가는 미국일 가능성이 높음
- 신제품과 새로운 생산기술은 수요가 상대적으로 높은 국가에서 처음으로 개발되는 경향
- 자국 내 시장에서 이러한 잠재수요를 인식해야 기업가도 손실의 위험을 무릅쓰고 과감한 투자시도
- 기업정보의 국제적 이동장벽이 존재하므로 잠재적 소비자가 존재하는 국가에서 신제품 개발이 용이

○ 내부화 이론의 기본적 관점

- 시장은 외부효과 때문에 재화와 생산요소의 효율적 배분에 실패할 수 있음
- 시장과 기업은 재화와 생산요소의 교환을 조직할 수 있는 대체적 방법
- 시장교환보다 비용이 저렴한 경우 교환은 기업 내에서 내부화됨
- 다국적기업은 해외직접투자를 통해 재화 및 생산요소의 국제적 교환을 내부화시킨 기구임

○ 내부화의 주요 동기

- 거래 및 협상비용, 재산권행사 비용의 절감
- 제품품질의 보호
- 상호의존적 활동에 따른 경제성 확보
- 정부개입의 회피
- 구매처의 통제
- 경쟁전략 또는 경쟁대응전략의 용이성

○ 절충이론에서 기업특유의 우위

- 현지기업이 보유하지 못한 기업특유의 자산을 소유함으로써 갖게 되는 이점
- 자산에는 특허나 상표, 기업이미지, 기술적 지식, 경영능력 등이 포함
- 기업특유의 우위요소인 자산은 매우 중요하여 해외활동을 통해 더 확대

○ 절충이론에서 내부화 우위

- 기업은 특유의 우위요소가 제3자에게 이전되는 것을 원하지 않음
- 기업 내부적으로 가장 완전히 보호될 수 있는 해외시장 진입방식을 선택
- 기업특유의 우위요소를 기업 내부에서 직접 이용함으로써 얻게 되는 이점

○ 절충이론에서 입지특유의 우위

- 특정 입지가 지니는 이점으로 기업이 왜 특정입지를 선택했는지를 설명
- 입지요소에는 천연자원, 수송비, 노동력, 정부의 지원 등
- 다국적기업은 다양한 여러 시장국에 진출하여 다양한 입지조건들을 활용

○ 국제적 자원이전설의 정의

- 무역이론의 기본적 틀을 활용하여 천연자원, 자본, 노동뿐만 아니라 기술, 경영 및 기업가적 능력까지도 자원의 개념에 포함하여 자원의 국제적 이동을 설명하고자 시도

○ 국제마케팅의 개념

- 해외시장에서 이익을 얻기 위해 해외에 있는 고객들의 욕구를 파악
- 재화와 용역의 생산을 계획하는 것에서 고객을 겨냥한 제품 및 서비스에 관한 정보의 전달과 설득 등에 관련된 기업활동

- 국제마케팅 활동은 제품의 생산에 앞서 수행되는 것이 바람직
- 고객지향적이 되어야 하며 초점도 제품보다는 고객에 맞추는 것이 바람직

○ 마케팅 조사에서 해외시장조사 필터
- 잠재적 필요성 : 물리적 요소에 의해 결정
- 필요성의 인식 : 문화적 요소에 의해 결정
- 잠재수요 : 경제적 요소에 의해 결정
- 유효수요 : 정치적 요소에 의해 결정
- 시장수요 : 상업적 요소에 의해 결정
- 기업의 판매가능액 : 경쟁적 요소에 의해 결정

○ 마케팅믹스 전략에서 제품에 대한 설명
- 제품은 사용자에게 만족을 가져다주는 물리적 및 상징적 속성의 총체
- 제품 확장을 추구하는 이유는 생산, 마케팅 및 연구개발에서 규모의 경제성
- 큰 적응 없이 많은 나라의 시장에 판매될 가능성이 높은 제품이 국제적 제품
- 외국상품에 대한 소비자들의 태도가 나라마다 상이
- 포장의 1차적 기능은 수송과 보관 중에 핵심제품을 보호하는 기능
- 포장의 2차적 기능은 판매촉진 기능

○ 마케팅믹스 전략에서 환율변동에 수출가격의 산정
- 수출가격은 강세통화국의 화폐로 표시하는 것이 바람직
- 외화로 표시된 수출가격은 해외시장에서 제품에 대한 수요의 가격탄력성을 고려해야 함
- 수요의 가격탄력성이 큰 경우 수출가격을 인하하여 수출물량이 대폭 증가하도록 가격을 낮추는 것이 유리
- 수요의 가격탄력성이 작은 경우 수출가격을 인하하지 않고 수출단위당 이폭을 높게 유지하는 것이 이익

ㅇ 마케팅믹스 전략에서 가격에 대한 설명

- 가격결정에 영향을 주는 변수는 기업의 목표가격, 수요구조, 경쟁상태, 정부의 세금 및 가격정책 등
- 가격설정방법은 원가중심적 및 시장중심적
- 가격정책은 침투가격정책, 시장유지가격정책, 고가격정책
- 수출제품에 대한 해외시장에서의 소비자가격은 운송비, 관세, 유통경로, 각종 세금부담 등으로 인해 증가
- 수출기업이 유의해야 할 점은 덤핑에 대한 수입국의 정책과 규제조치

ㅇ 국제직접투자에서 유형 및 무형자산의 활용

- 국내경영만 하는 기업은 기업 특유의 두 가지 자원으로 유형자산과 무형자산을 보유하고 경영에 활용
- 유형자산은 건물, 기계설비 등이 있고 무형자산은 특허권, 노하우, 상표, 기업의 이미지 등
- 기업은 유형자산과 무형자산에 대한 소유권을 갖고 있어 독점적 사용권을 행사
- 기업이 사용 가능한 자원기반은 직접 소유하는 자산뿐만 아니라 본국의 유형 및 무형자원도 사용 가능

ㅇ 국제직접투자에서 해외투자 시 고려할 사항

- 회사가 하는 것보다 회사가 현지 경쟁자들보다 잘 할 수 있는지 고려
- 해외투자에 성공하려면 필요한 전략적 자산의 전부를 보유해야
- 신규 진출시장에서 성공하기 위한 조건 : 자산의 희소성, 모방의 어려움, 대체불능성
- 새로운 시장에서 배운 지식과 자산을 또 다른 새로운 시장진출에 적응하여 국제화 확대

ㅇ 해외직접투자 평가법

- 가부법 : 투자대상국 선정에 여러 가지 방법과 해외투자의 특징

을 검토한 후에 특정해외투자의 실시 여부를 결정하는 방법

- 리스크 프리미엄법 : 위험이 클수록 자산의 요구수익률이 더 높아지게 마련이므로 투자자의 추가 위험부담에 대한 보상으로 인식
- 추정치의 범위법 : 시나리오별로 수익률의 범위추정
- 위험분석법 : 위험분석의 3대 요소는 자산, 위협, 취약성
- 옵션 투자평가법 : 금융거래에 사용되는 옵션 개념을 적용하여 해외투자를 평가하는 방법으로 개발도상국에 투자할 때 더욱 유용한 평가법
- 매력도 평가법 : 시장의 규모, 시장의 성장성과 지속성 등

○ 해외직접투자에서 집중투자전략의 장점

- 비교우위가 있는 소수 국가에 집중 투자하여 국제시장에서 경쟁우위를 확보
- 신속한 경영활동으로 고객이 원하는 제품을 경쟁자보다 빨리 공급하여 이익창출
- 규모의 경제와 경험효과를 충분히 이용

○ 해외직접투자에서 집중투자전략의 단점

- 정부규제에 따른 손해를 회피할 대안이 부족
- 집중투자로 인한 규모의 불경제 발생
- 각국이 쌓아 올린 관세 및 비관세장벽이 집중투자에 불이익

○ 해외직접투자에서 통합 · 조정 전략의 장점

- 비교우위를 이용할 수 있으며 분업의 경제를 국제적 차원에서 이용
- 세계 각국에 조기경보체제를 설치한 것과 같은 이점
- 한 곳에서 습득한 지식과 기술을 전 세계에 분산 배치한 자회사에 신속하게 이전 가능
- 현지에서 얻은 이점을 지구적 경쟁우위로 전환시킬 수 있는 기회 획득

○ 해외직접투자의 4가지 투자전략

- 수출전략 : 한 나라에 집중 투자하고 해외고객의 요구에 맞춰 수출하는 전략
- 단순 글로벌 전략 : 소수의 국가에 집중투자하고 경영활동을 엄격히 통제하는 전략
- 글로벌 전략 : 세계 여러 나라에 분산투자하되 경영활동을 긴밀하게 통합하고 조정하는 전략
- 다국적 전략 : 세계 여러 나라에 분산 투자하되 경영활동을 긴밀하게 통합하고 조정하지 않는 전략

○ 투자국가 선정에서 투자와 관련 고려사항

- 기업특유의 자산을 가진 기업은 지구적 전략적인 변수들을 고려하여 직접투자 시도
- 투자대상 국가의 선정은 대상국 사이에 환경변수의 사항들을 신중히 검토해야 하며
- 미국 등 큰 나라와 우리나라와 같은 작은 나라에서도 어느 지역에 공장을 세울지가 중요 사항
- 해외투자에 대한 불확실성이 크면 클수록 다국적기업은 현지국의 환경이 확실해질 때까지 투자연기
- 해외로 진출할 때는 단독투자, 합작투자, 인수 · 합병 중에서 선택

○ 투자국가 선정에서 원료 및 부품 관련 요소

- 필요로 하는 원료의 이용가능성
- 하청기업의 숫자 및 기술수준
- 현지국 내 원료산지의 분포
- 원료가격 및 품질

○ 투자국가 선정에서 기술 관련 사항

- 자사 보유기술의 현지국 보호 여부 및 정도
- 선진 기술정보의 수집가능성
- 자사 보유기술의 현지 이용가능성

○ 투자국가 선정에서 인프라, 서비스 및 무형자산
- 무역자유지대, 수출자유지대의 존재 여부와 입주가능성
- 인구밀도
- 물리적 통신 네트워크 : 도로 및 차도 비율
- 물류능력 : 물동량

○ 투자국가 선정에서 정부요소
- 정치적 안정성
- 유인 및 촉진 : 지원자금 및 저리금융
- 현지인 의무채용 비율
- 현지부품 사용의무 비율
- 수출의무 비율
- 본국과의 수교여부, 외교관계, 대외정책상 저촉여부
- 진출국 및 진출기업의 현지에서의 이미지 등
- 수입개방정책
- 외자정책상 혜택 및 규제사항
- 과실송금에 대한 자세
- 각종 법제 : 세법, 세율, 이중과세방지협정, 투자보장협정
- 환율의 안정성

○ 투자국가 선정에서 정보비용 요소
- 본국과 세계 중심으로부터 거리
- 그 지역에 첫 번째 직접투자가 이루어진 시기
- 대기업이나 거대 다국적기업(상위 500대)의 존재
- 국경효과

○ 투자국의 정책에서 정부의 지원수단
- 관세보호 및 수입통제
- 원료 및 기자재의 면세수입의 허용
- 해외투자보험
- 금융지원

• 세제지원 및 조세감면

○ 투자국의 정책에서 통제의 목적 및 수단

• 국제수지 악화로 인해 해외직접투자를 제한하며 주로 사전인가 제도를 활용

• 미국은 정치적 이유로 특정 국가들에 대한 해외직접투자를 제한

• 투자국의 노동조합도 해외직접투자를 반대하는 경우

○ 우리나라의 투자정책

• 관리강화단계에서 투자활성화 촉진단계로 점진적으로 정책이 전환

• 해외투자허가제도와 사후관리제도

• 지원제도

– 해외투자보험 : 수출입은행이 대행

– 금융 : 수출입은행이 해외투자자금을 지원

– 세제 : 해외투자 손실준비금의 손금산입, 세액공제, 배당소득 면제제도

○ 투자국 선정에서 직접투자의 유형

• 단독신설투자, 합작투자, 합병 및 인수로 구분

• 단독신설투자는 신규자원이 불필요하고 핵심자원의 노출이나 공유가 우려될 때 선택하는 대안

• 합작투자는 신규자원이 필요하고 핵심자원의 노출이나 공유가 우려되지 않을 때 선택하는 대안

• M & A는 신규자원이 불필요하지만 핵심자원의 노출이나 공유가 우려될 때 선택하는 대안

○ 이전가격의 정의

• 이전가격은 기업내부의 부문 또는 사업부 상호간의 거래에 대한 회계상 일정한 가격을 의미

• 기업 내 자원의 최적분배와 분권화 또는 부문화의 현상에 따른

업적평가를 통한 동기유발을 위해 이전가격이 활용

- 이전가격의 종류 : 시장가격, 독립된 제3자 간 가격, 직접비, 총원가, 협상가격 등

○ 이전가격의 규제정책에서 국제 이전가격조사의 목적

- 소득세의 절세
- 관세의 절세
- 외환통제의 회피
- 정치적, 경제적으로 불안정한 나라에서 자금회수
- 현지국기업과의 경쟁에 대응

○ 국제금융환경에서 국제 금융시장의 기능

- 여유자금을 자금이 부족한 사람에게 연결시키는 자금이동 경로를 제공
- 직접금융시장
  - 차입자가 금융시장을 통해 증권을 대출자에게 팔아 자금조달
  - 주식시장이나 채권시장의 자본시장
- 간접금융시장
  - 은행 등 금융중개기관을 통해 자금이전
  - 저축을 통해 기업에게 사업자본을 제공하는 역할

○ 국제금융환경에서 금융시장의 중요성

- 여유자금과 높은 투자기회를 보유한 사람을 서로 연결
- 경제전체의 효율성 제고와 생산성 향상에 기여
- 투자가 아닌 목적으로 자금을 차입하는 사람에게도 이익
- 효율적인 금융시장은 모든 경제적 욕구를 증진

○ 국제금융환경에서 화폐시장의 이해

- 1년 이하의 단기간이고 고신용도의 금융상품이 거래되는 시장
- 정부와 금융기관은 단기운영자금이 부족할 때 화폐시장 금융수단을 발행

- 단기국공채, 양도성예금증서, 기업어음, 은행인수어음, 환매조건부채권, 콜자금, 표지어음, 유로달러 등

ㅇ 국제금융환경에서 자본시장의 이해
- 자본시장에서 장기성 유가증권인 주식과 채권 등이 거래
- 기업과 정부는 부족한 장기자금을 자본시장을 통해 조달
- 자본시장 금융상품은 위험이 높고 수익률도 높게 형성

ㅇ 국제금융환경에서 금융기관의 이해
- 금융시장은 직접금융시장과 간접금융시장으로 구분
- 자금거래를 성립시키거나 유통시키는 기관은 모두 금융기관
- 금융중개는 금융기관을 통한 간접금융의 과정으로 자금이동의 기본 경로

ㅇ 세계화의 요인과 현황
- 세계화
  - 각국 경제가 하나로 통합되어 가는 현상
  - 재화나 서비스 교역 및 국가 간 자본이동의 증대
- 개방화
  - 차입자가 국경넘어 자금조달하거나 대출자가 투자하는 것
  - 각국의 금융시장이 통합되어 하나의 금리가 결정

ㅇ 국제금융환경의 변화
- 최근 금융시장은 세계화 · 통합화가 빠르게 진행
- 세계화 · 통합화 현상은 금융 및 자본자유화와 개방화에 기인
- 금융자유화와 개방화로 금융업무의 효율성 및 업무영역 확대
- 금융혁신은 새로운 금융상품 및 거래기법 창조
- 증권화는 비유동적 금융자산을 자산유동화증권으로 유통시키는 과정

○ 국제금융시장에서 통신 및 정보처리기술의 발달

- 금융정보의 신속한 처리로 거래비용 절감은 금융시장 통합화의 요인
- 전자거래 시스템 출현으로 금융시장의 새로운 경쟁국면
- 기업은 조달비용을 낮추고 가장 잘 알려진 국가에 주식 상장
- 투자자는 국제 간 분산투자를 통해 위험을 낮추고 수익률 극대화

○ 유로커런시시장에서 유로시장의 이해

- 특정국의 금융자산이 타국에서 거래되는 국제금융시장
- 유로커런시시장과 유로채권시장으로 구분
- 규제에 자유로운 자유시장으로 역외시장이라 부름
- 더 많은 이익을 추구하려는 노력이 국제화와 금융혁신에 이바지

○ 국제금융시장에서 유로채의 이해

- 채권에 표시된 발행국 이외의 지역에서 거래되는 채권
- 국내기업이 달러표시 채권을 발행하여 런던시장에 매각되는 채권
- 유로채는 표시통화국의 규제를 받지 않고 자유롭게 발행
- 유로채를 인수하고 판매하는 인수단 구성은 국제적
- 유로채는 투자자 또한 국제적으로 다양
- 유로채의 이자소득은 원천세가 부과되지 않음

○ 국제금융시장에서 유로주식시장의 발전요인

- 세계적인 주가상승과 주식시장의 국제화
- 세계적인 국영기업의 민영화 추세
- 유로주식 결제의 원활화
- 주식거래체제의 범세계화

○ 국제금융시장에서 주식예탁증서(DR)의 이해

- 외국 주식에 대한 청구권을 나타내는 것
- 주식은 발행국 은행에 보관하고 거래국 은행이 주식 대신 발행하는 증권

• 외국시장에 DR 유통으로 표시통화의 차이 등이 완화

○ 국제금융시장에서 금융공학의 역할
- 금융공학의 발달이 금융혁신의 중심을 형성
- 선도, 선물, 옵션, 스왑 등 거래기법으로 새로운 금융상품 개발
- 위험을 제거하고 거래비용을 절감하여 시장의 효율성을 제고
- 혁신적인 금융상품을 개발하고 금융문제에 창조적 해결방식을 제공

○ 국제금융시장에서 금융혁신의 발달과정
- 금융기관이 당면한 재무적 문제를 해결하기 위해 추진
- 금융기관은 기대효용의 극대화를 위해 비용절감이 핵심적인 요인
- 금융거래의 자동화, 세금 및 관련 비용을 절약하는 신금융상품 개발
- 금융혁신 : 규제탈피, 세금회피, 비용절감

○ 세금회피를 위한 금융혁신에서 듀얼펀드(Dual Fund)에 대한 설명
- 미국 세법상 주식의 자본이득세가 배당소득세보다 낮게 책정
- 고소득 투자자는 자본이득을, 저소득 투자자는 배당을 더 선호
- 배당과 자본이득의 누적분을 따로 분리하여 판매하는 방식

○ 규제탈피를 위한 금융혁신에서 나우계정
- 저축성예금과 요구불예금을 결합하여 수표발행이 가능한 이자부 요구불예금의 성격

○ 세금회피를 위한 금융혁신에서 순할인채의 이해
- 중도에 이자지급 없이 할인 발행하여 투자자에게 수익을 주는 방식
- 기업들은 사채할인발행 감가상각을 이자비용으로 처리하여 세금효과
- 당국은 세제규정을 수정하여 투자자에게 이자소득 과세

ㅇ 금융혁신의 발달과정에서 비용절감을 위한 금융혁신

- 이자율조정부채권, 만기조정채권 등은 채권만기 이전에 발생하는 신용평가와 관련한 손실방지
- 만기연장가능채권은 2~3년마다 이자율 조정하여 추가적인 발행비용 없이 기간연장 가능
- 변동쿠폰 갱신부채권은 매 분기마다 만기가 91일로 자동연장, 쿠폰 이자율이 시장이자율로 조정
- 인수청구권채권, 발행조건부채권 등은 발행자가 시장이자율 변동에 따라 발행조건을 조정할 수 있는 상품
- 유로노트, 유로기업어음은 기업이 금융시장에서 자금을 직접 조달하여 중개비용을 절감하는 상품

ㅇ 파생금융상품에 대한 설명

- 유동성을 증가와 위험을 관리할 수 있는 새로운 기회제공
- 큰 레버리지 효과로 인해 투기성향이 강한 단점
- 제로섬게임으로 인해 위험관리기능과 투기성은 분리할 수 없음
- 선물 · 옵션 · 스왑 등 위험을 제3자에게 이전시켜 불확실성 해소

찾아보기

▬ 저자소개 ▬

■ **최 정 일**

경영학박사
현) 성결대학교 경영학부 교수

■ **이 옥 동**

경영학박사
현) 성결대학교 부동산학과 교수

〈저서〉

- 증권투자의 이해, 남두도서, 2011
- 부동산 세법의 이해, 남두도서, 2012
- 경영통계학, 도서출판 상학당, 2009
- 경영학원론, 남두도서, 2008
- 자산관리, 남두도서, 2008
- 재테크 성공전략, 남두도서, 2008
- 증권투자의 길잡이, 남두도서, 2008 외 다수

국제경영학의 이해

1판 1쇄 발행 2013년 9월 15일

저 자 최 정 일 · 이 옥 동
발행인 남 승 우

발행처 남두도서

서울시 동작구 사당로9가길 6(사당동)
TEL : (02)595-1692~4
FAX : (02)595-1394
E-mail : namdoo6@unitel.co.kr
신고 : 5-76호 (1998. 11. 4)

정가 22,000원

ISBN 978-89-5780-149-9 93320

〈디자인〉 편집 엄해숙 / 표지 나아기획